AF435869

Aquí tenés tus drogas

Mansilla, Juan Carlos
Aquí tenés tus drogas.- 1ª ed.- Córdoba: Ediciones del
Boulevard, 2020.
236 p.; 21x14 cm.

ISBN 978-987-556-

1. Narrativa Argentina. Novela.- I. Título.
CDD A863

ISBN 978-987-556-

Tapa:

Ilustraciones de interior: José Luis Serrano

Juan Carlos Mansilla

Aquí tenés tus drogas

Relatos de un terapeuta en adicciones

Ediciones del Boulevard

Son muchas las personas a las que debo agradecimiento por este libro. En primer lugar, a mi padre y madre por haberme inculcado de pequeño el amor por los libros y la pasión por la lectura. También y en igual medida a todos los pacientes que confiaron en mí, y que abrieron su corazón, sus secretos, y sus historias con una enorme generosidad. A algunos pude acompañarlos en su proceso de superación, y con otros fracasé. Sin embargo, todos me dejaron enseñanzas y lecciones. Es lo injusto de todo esto, pues de todos ellos recibí algo bueno, pero no a todos les supe dar lo que vinieron a buscar en mi trabajo como terapeuta.

A Lucrecia, mi compañera en la vida, va también mi gracias por alentarme y apoyarme siempre en mi trabajo, y acompañarme como co-terapéuta en más de uno de los casos aquí relatados, con toda su claridad profesional y compromiso personal con la gente que sufre por sus adicciones. Historias y aprendizajes junto a ella en el Programa "Di Que Sí" están presentes en la vida de muchos de los relatos de este libro.

A Carlos Iglesia, ese soñador con quien un día decidimos comenzar con esa aventura que fueron los inicios del Programa Cambio, va con este libro un abrazo, en el cual incluyo a los trabajadores y directivos que pasaron por esta institución.

En lo institucional, un agradecimiento también al Dr. Mario Decara, Defensor del Pueblo de la Provincia de Córdoba, quien a través de distintos eventos que organizó ayudó a que estas historias sean contadas en el marco de conferencias, puestas en escena, y encuentros con cientos de jóvenes y familias cordobesas que llevamos adelante con el Pd. Mariano Oberlin, el solidario Juan Pablo Rodríguez, o con José Luis Serrano, Doña Jovita, a quien también agradezco su generosidad en haber aceptado interpretar mis relatos de manera tan sencilla y profunda a través de sus ilustraciones. Y al ya nombrado Padre Mariano Oberlin por su amor y compromiso por quienes padecen adicciones, por su «sí» a mi pedido de escribir el prólogo de este libro, y por su amistad que me enaltece.

Ya más en la cocina de este libro, mi reconocimiento al aliento e inspiración que significaron para mí escritoras como Graciela Bialet, y Leonor Mauvecin, quienes leyeron desinteresadamente muchos de mis textos y me devolvieron valiosas sugerencias.

También mi gratitud a Cecilia Biagoli, quien no solo corrigió mis escritos con notable sabiduría, sino también me convenció a través de su interés en lo que leía, de que seguramente yo estaba escribiendo algo valioso para mucha gente.

Prólogo

Ya había escuchado con muchísimo gusto algunos de los relatos de este libro en charlas compartidas con Juan Carlos. Pero leerlos ahora a todos juntos me ha provocado la sensación de que no se trata sólo de un conjunto de relatos de experiencias profesionales, sino que se lo podría considerar como un manual para el abordaje y la comprensión de las problemáticas de consumos, o una guía de vida para aquellos que están queriendo salir del drama de las adicciones.

La multiplicidad de miradas, de protagonistas, de problemáticas, de historias, de comienzos, nudos y desenlaces, de encuentros y desencuentros, creo que nos ayuda a tener una percepción sumamente realista y abierta sobre este tema, pero también ofrece herramientas tan diversas, como diversas son las historias y las personas que las encarnan.

A veces uno fantasea con encontrar *la* punta del ovillo que permita desenredar la galleta del problema de las adicciones. Pero la realidad es que cada historia se teje con sus propias tramas, cada trama tiene su ovillo y cada ovillo su punta. Y puede que en una historia el ovillo enredado sea uno, y en otra historia sea otro, o varios juntos. Y esto se ve reflejado como en un telar en el conjunto de estos relatos. Y se ve reflejado de tal forma que esta complejidad, lejos de desanimar, invita, parafraseando a Jorge Drexler, a amar la trama más allá del desenlace. Porque esa trama es la vida misma.

Creo que también es un gran aporte la honestidad con la que son compartidas estas historias, en las que aparecen no sólo las dificultades, sino también en algunos casos los fracasos. Y esto, para quienes trabajamos con la problemática de las adicciones, aunque es moneda corriente, no siempre es fácil de asumir, e incluso hasta se suele negar. Así como muchas veces ocurre con los consumidores y con sus familias, cuando niegan el problema por vergüenza, por el miedo al qué dirán, o por el natural rechazo a asumir que algo no ha salido como esperábamos, así también ocurre con las instituciones y las personas que trabajamos con esta problemática, a las que también nos cuesta asumir los fracasos en las acciones que emprendemos, perdiendo de esta manera la oportunidad de aprender y mejorar las propuestas a futuro, asumiéndonos limitados frente a realidades tan complejas y frente a la libertad y autonomía de aquel a quien acompañamos.

Y, quizás, la riqueza más vistosa de este libro sea la generosidad enorme con que se comparte el fruto de tantos años de experiencia profesional en relación a la problemática del consumo, a través de relatos tan simples como profundos. No es raro encontrarse con escritos que pretenden darle realce a su contenido, en ocasiones carentes de profundidad y utilidad, relatando en palabras difíciles y rebuscadas, realidades bastante simples que saltan a la vista. Creo que aquí ocurre exactamente lo contrario. Pero para llegar a construir en palabras sencillas relatos profundos y sumamente útiles en relación a realidades más que complejas, es necesario conocer de sobra esa realidad y tener experiencia abundante en su abordaje. Y eso es lo que nos ofrece Juan Carlos en este libro.

Agradezco a Juan el honor de permitirme escribir este prólogo, pero más aún le agradezco la generosidad de su trabajo compartido que, sin dudas, nos va a ayudar muchísimo a todos aquellos que de una u otra forma estamos comprometidos con la problemática abordada.

Pd. Mariano Oberlin

¿POR QUÉ UN LIBRO COMO ESTE?

Por fortuna, existen innumerables libros y trabajos científicos que tratan el tema de las drogas. Vivimos en una época en que no podemos quejarnos de la falta de información, incluida la de este tema: libros, revistas, informes científicos, páginas web sobre drogas y adicciones abundan, y cada vez se publican más.

Precisamente, el problema respecto a ese tema reside no en la falta de datos, sino más bien, en su exceso: hay tanto escrito disponible sobre drogas que el desafío consiste, sobre todo, en cómo esquivar la información errada, o de una calidad dudosa, y en acertar en la información que nos resulte útil conocer.

Lo escrito sobre las adicciones, o sobre los consumos problemáticos de drogas, podría acomodarse en dos grandes bibliotecas. En una, sus estantes estarían llenos de información acerca de las sustancias, en la que se describe qué son y cómo funcionan, por ejemplo, el alcohol, la nicotina, la marihuana, la cocaína, el MDMA, o el LSD, entre otras. La otra biblioteca versaría sobre aspectos centrados en caracterizar a los consumidores: ¿cómo funciona tu cerebro si consumes marihuana?; ¿cuáles son las particularidades de las familias de los alcohólicos?; ¿qué es y cómo trabajar la codependencia?; ¿cuáles son las mejores técnicas en un proceso de rehabilitación?; etcétera.

Sin embargo, la gran mayoría de todo este material está escrito para los expertos, y no tanto para la *gente común*; salvo algunas valiosas excepciones, que persiguen la *divulgación científica*. Aunque estos últimos textos también suelen focalizarse en el aspecto químico o comportamental de las adicciones, es común que además se hayan escrito con mucho tecnicismo, lo que termina trazando una distancia a veces insalvable entre la mujer y el hombre común, que quiere conocer sobre el asunto y los especialistas que lo han desarrollado.

En resumen, en el terreno de la bibliografía sobre drogas, lo que más abunda son textos elaborados por destacados especialistas para que, a su vez, sean leídos por otro grupo más grande de especialistas, menos destacados. Psicólogos que escriben para psicólogos; médicos que escriben para médicos; y así. Generándose una cadena de unos pocos para unos pocos.

He escrito varios artículos y algunos capítulos de libros especializados, con el objetivo de difundir conocimientos sobre temas vinculados a la prevención de las drogas, a su historia e, incluso, en torno a estrategias terapéuticas. Y a la hora de conocer quiénes leyeron estos textos, descubrí que, en su gran mayoría, se trataba de lectores o bien profesionales también dedicados a esta temática, o bien, estudiantes universitarios de carreras afines a los temas desarrollados.

Debido al avance del problema del consumo de drogas, hoy la mayor parte de quien necesita informarse sobre este asunto es la *gente común*, quien además manifiesta una evidente preocupación al respecto. Por eso, el desafío es cómo escribir sobre drogas, de tal manera que esa información resulte comprensible para quien no tenga formación profesional de ningún tipo, pero que quiera conocer aspectos centrales relativos al consumo de sustancias.

Las razones por las cuales las personas quieren adentrarse en el conocimiento de este mundo son variadas. Hay quienes necesitan informarse porque están consumiendo drogas, y desean saber más sobre sus efectos y consecuencias. Otros suelen ser familiares o amigos de consumidores, que se enfrentan a un panorama desconocido, por lo que consideran valioso todo tipo de orientación. También se hallan quienes, sin estar vinculados con el mundo del consumo de sustancias, se interesan en conocer sobre esta realidad, a fin de prevenirse o de prevenir a otros.

Ante estas motivaciones tan variadas, creo que quienes nos especializamos en este tema debemos asumir nuestra responsabilidad de socializar la información de la que disponemos del modo más generoso y claro posible.

El mundo del consumo de drogas suele aparecer como un complejo universo compuesto por consumidores y por sustancias. Es un universo enigmático y recóndito ante la mayoría de la gente: lleno de códigos propios, muchas veces, indescifrable para quien no pertenece a ese ambiente. Esto ha generado una serie de estigmas negativos, así como prejuicios profundos, que alejan este asunto del hombre y de la mujer común, quienes se quedan solo con una curiosidad insatisfecha o llena de suposiciones erradas.

Pues bien, para toda esta inmensa población de no-especialistas en adicciones, para todas estas personas portadoras de una sana curiosidad sobre este tema tan controversial, he escrito este libro, con la intención de *traducir* mediante el relato de variadas historias de vida distintos aspectos relacionados con una problemática llena de aristas diversas.

Cuando voy a algún encuentro internacional sobre drogas, en donde participan especialistas que hablan idiomas diferentes del español, es común que, al entrar al salón de conferencias, nos entreguen un aparatito con unos auriculares, para que se pueda escuchar la traducción simultánea de a quien le toca hablar.

Quienes trabajan de traductores son intérpretes profesionales que, al mismo tiempo que escuchan lo que dice el conferencista, lo traducen a otro idioma para que podamos entenderlo quienes nos pusimos esos auriculares. Una vez me contaba una traductora que ese es un trabajo muy difícil y cansador, porque requiere de un gran esfuerzo mental, al precisarse de un profundo conocimiento del lenguaje tanto del que habla como del que escucha. Por eso, en las cabinas desde donde se realiza la traducción simultánea, se trabaja de a dos, para relevarse cada treinta minutos como máximo, debido al desgaste mental implicado en el esfuerzo de la tarea. Queda claro: traducir no es un lugar de confort, sino de trabajo y esfuerzo.

Siguiendo el ejemplo, hablarle del tema *adicciones* a personas no formadas técnicamente en el tema, y partiendo de relatos propios de la psicoterapia requiere de un empeño en algún punto similar al del traductor simultáneo, de tal manera que lo que se quiere transmitir sea comprensible para quien desconoce el asunto y, a su vez, refleje el conocimiento que se tiene hoy sobre este tema de la mejor manera posible.

El método que escogí en este libro es el relato de historias de vida, pues me pareció el más útil y completo para enseñar y mostrar de un modo no convencional posibles causas, procesos, contextos y consecuencias del problema del consumo de drogas, que comúnmente se describe de manera técnica y desapasionada para, como se dijo, ser leído entre iguales.

Por otra parte, en estos relatos que presento aquí tengo la esperanza de que el lector participe desde un lugar activo, poniendo su cuota de imaginación al interpretar lo que está leyendo. Las historias de vida aquí expuestas guardan también la capacidad de gatillar distintos grados de identificaciones, producto de reconocernos en alguno de los personajes, escenas o problemas aquí descritos. Asimismo, estos relatos de vida pueden funcionar también como metáforas o analogías de aspectos diferentes de nuestra propia vida, o de la de seres queridos, por lo que hacen que el texto nos interpele y cuestione nuestra manera de vivir y pensar respecto al consumo de drogas y a lo que lo rodea.

Las veinticuatro historias que componen esta obra tienen distintos grados de realismo. Ninguna ocurrió tal cual está escrita, pues en todas he modificado el nombre de los protagonistas, los vínculos familiares, los lugares de trabajos mencionados y, a veces, su línea del tiempo. La razón de estas modificaciones tiene que ver con intención de preservar la identidad de los verdaderos protagonistas resguardando así su intimidad y derecho a la privacidad. En algunos de los relatos el lector encontrará la leyenda «en memoria», debajo del título, en esa frase expreso mi homenaje a ese protagonista ya fallecido que inspiró ese relato.

Me he esforzado en hacer que estas historias sean *realistas:* es decir, reflejen cómo el consumo de drogas puede instalarse en la vida de una persona impactando en su cotidianeidad, y modificando sus vínculos con y entre sus seres queridos.

He sido testigo, entre 1989 y 2015, de historias similares a las narradas en las próximas páginas y las he escogido entre cientos de semblanzas por varias razones. La primera es que son historias que nos muestran que el problema del consumo de drogas no respeta la frontera de los prejuicios. Sus protagonistas pueden ser hombres o mujeres, adolescentes o adultos mayores, profesionales destacados o quienes viven en la marginalidad.

Las drogas que se mencionan abarcan una gama heterogénea, que va desde la cocaína, pasando por el tabaco y el alcohol, hasta químicos que casi todos podemos guardar en nuestros botiquines.

Asimismo, en estos relatos, busco mostrar lo que me sucede internamente como persona y profesional frente a distintos pacientes: lo que me conmueve, lo que me despierta rechazo, lo que me genera curiosidad, lo que me sorprende; en lo que acierto y en lo que me equivoco, entre otras cosas. Si bien no puedo saber lo que a otros colegas les pasa con sus propios pacientes, intento transmitir que a todos los de nuestra profesión *nos pasa algo*, con las personas que tenemos en terapia; y en distinto grado, ese *algo* nos condiciona, nos deja una huella profunda e impacta en el resultado de la terapia que estamos impartiendo.

Una de las técnicas más ricas que he utilizado en mi trabajo como psicólogo, y con la cual siempre me he sentido cómodo, han sido las sesiones grupales, en las que sus integrantes son *iguales* ante un problema o ante un rol en la vida. Un grupo de consumidores de drogas en tratamiento, un grupo de padres de jóvenes con dificultades similares, un grupo de hermanos, son grupos de *pares*. Cuando uno reúne a pares con el objetivo de que intercambien experiencias de vida en un foro común, se encuentra con el fenómeno de que una historia contada en ese espacio se levanta como *espejo* ante otro *par* que la escucha y que, por eso mismo, puede sentirse identificado con el relato que oyó. Es decir, se reconoce a sí mismo en esa situación contada por otro. Y ese reconocimiento, mediatizado por la intervención del terapeuta de grupo, puede dar lugar a la revelación que genera el darse cuenta de lo que uno podría cambiar, o de aquello en lo que se encuentra errado, o de las opciones que se visibilizan para afrontar algún problema específico.

Otra intención de los relatos de este libro es poner en marcha en el lector algunos de los mecanismos que se suceden en los grupos de pares. Tengo la esperanza de que, al leerlos, las personas puedan identificarse con algunos de los personajes descritos, o que se vean reflejadas en los eventos relatados. Si esto sucede, el texto mismo podrá *ayudar* en la medida en que el lector pueda cuestionarse sobre su propia historia a partir de lo leído.

Hay aquí historias felices y esperanzadoras, así como oscuras y de final abierto, relatos de vidas que salen adelante, así como otros sobre formas de morir que parecería, algunas personas eligen.

Entiendo que estas historias pueden leerse de corrido, pero también se las puede trabajar como textos de reflexión personal, en grupos, o aulas escolares, ya que brindan una gran variedad de mensajes que informan, previenen, y educan sobre el tema.

Por último creo que, a quienes consumen sustancias, estos relatos pueden ser útiles para reflexionar sobre sus elecciones, ya que permiten vislumbrar no solo cómo comienzan las historias del consumo, sino también cómo a veces se desarrollan, transcurren y terminan, obviamente desde la mirada subjetiva de un terapeuta, que trabajó con personas abusadoras o adictas a distintos tipos de drogas.

Juan Carlos Mansilla

MESITA DE LUZ

Salí a la vereda de mi consultorio en barrio Juniors y vi a este joven caminando despacito hacia mí. Era el comienzo de los años noventa, y los consumidores de drogas en Córdoba tenían una estética particular, no como ahora en que la práctica del consumo se ha socializado, democratizado, y no reconoce una forma casi única de vestir y hablar, como en aquel entonces.

Cuando lo vi, pensé: «Este flaco debe estar buscando el Programa Cambio». Así se llamaba la institución que, junto a otro compañero, fundé en esa época para trabajar en adicciones.

Me quedé apoyado en un auto estacionado, esperando. Y así conocí a Alejandro G., un muchacho de veintiocho años, delgado, con pelo largo y ondulado, usaba un jean bombilla ajustado y un pulóver tipo Bariloche, y tenía voz de radio FM.

Sin acercarse demasiado, me preguntó en voz baja si ahí funcionaba un centro de rehabilitación por drogas.

Alejandro G. era un joven culto, pacifista, muy sensible y adicto a un remedio para la tos muy popular en aquellos años noventa, cuyo efecto era una fase inicial de euforia, seguida luego de una profunda relajación.

Tomaba hasta tres cajas diarias de esas pastillas, es decir, treinta comprimidos en una jornada. Una enormidad. Esa droga tenía la particularidad de generar *tolerancia*, por eso, a medida que avanzaban los meses, Alejandro G. debía tomar más pastillas, para alcanzar efectos parecidos a los logrados al comienzo de su consumo.

Este remedio para la tos era, en realidad, la *droga de elección* de Alejandro, ya que también consumía otras sustancias. Era un policonsumidor. Marihuana, LSD, cocaína y, por supuesto, tabaco y alcohol eran drogas familiares para él, pero a las que, en apariencia, podía manejar. Sin embargo, el consumo que lo *enganchaba* y preocupaba era este remedio en cuestión.

Llamaba la atención el conocimiento que tenía de las drogas. Era un experto en fármacos y conocía en detalle los efectos psicoactivos de las distintas drogas, fuesen legales o ilegales. Conversar con él era como tomar una clase con un especialista en toxicología. Y no había internet en esa época. Su conocimiento venía por la lectura, por visitas a bibliotecas, por conversaciones con expertos y, por supuesto, por su experiencia personal, porque no solo las conocía, sino que las había probado a casi todas. Con el paso de los años, había hecho de su cuerpo un laboratorio de experimentación química.

Cuando hablaba de drogas, no solo desplegaba un gran saber sobre ellas, también transmitía convicción y pasión. Era parecido a un aeromodelista que hablaba de avioncitos, a un pescador que describía distintos tipos de anzuelos, a un futbolero que explicaba qué debería hacer el director técnico del equipo nacional, o a un músico que describía su instrumento preferido. Si lo escuchabas mucho tiempo hablar de los efectos de las drogas, se te despertaba una curiosidad, que antes no tenías, por ciertas sustancias.

A medida que fui trabajando con él, comencé a plantearme: ¿cuándo y por qué le nació esa pasión tan profunda por las drogas, por los fármacos? Si bien Alejandro no se había cuestionado esto, ante esta pregunta, respondía lo típico:

—Creo que desde la adolescencia, cuando comencé a divertirme con mis primeras borracheras.

Pero no resultaba una respuesta convincente. La mayoría

de nosotros empezamos en la adolescencia a juguetear con el alcohol, pero no por eso nos convertimos en especialistas en licores.

Cuando conocí a la familia de Alejandro, pude comprender más acabadamente la situación. Su madre, padre y hermana eran personas agradables, afectuosas y sumamente respetuosas. Conocían la relación de Alejandro con las drogas y hablaban de esto con total franqueza.

Estos padres habían educado a sus dos hijos convencidos de que, desde temprana edad, debían acompañarlos en asumir responsabilidades y en desarrollar su autonomía. Por eso, a los cuarenta días de nacidos, ya los habían sacado de la habitación matrimonial y llevado a las suyas, y a medida que crecían, estaban atentos a conocer sus opiniones y a respetar sus puntos de vista.

Alejandro había ido a una escuela cerca de su casa y, con orgullo, recordaba cómo su mamá lo dejaba ir solo, cuando a los demás chicos los acompañaba un adulto. Y no era que su madre fuera una desentendida, sino que así era la filosofía familiar: fomentaban la independencia.

Érica, la hermana de Alejandro, dos años mayor que él, era una agradecida a sus padres por ese estilo de educación. Decía que esto la había ayudado a desarrollar una fuerte seguridad y a tomar decisiones acertadas de las que, con el tiempo, se sintió muy orgullosa.

Pero en todo este culto familiar a la estimulación temprana de la independencia y a la emancipación, los padres comentaron, como al pasar, un episodio que me sorprendió y que no pude dejar de relacionar con ese llamativo *vínculo amoroso* que Alejandro manifestaba con las drogas.

La madre relató que, cuando su «Alito» —así le decía— tenía no más de cinco años, había caído en cama con fiebre por un estado gripal. No era nada grave, pero el médico le había recetado un tratamiento con antibióticos en forma de jarabe, que debía tomar tres veces al día.

Alejandro estaba en su habitación con todos los cuidados y mimos de un niñito enfermo. Pero su mamá, en vez de darle ella el medicamento recetado, le había enseñado a su hijo a agitar el frasco que dejaba en su mesita de luz, lo había instruido a desenroscar la tapa sin volcar nada, a ponerse la medida justa en el recipiente con el medidor de plástico, a tomar el remedio y luego, a dejar todo bien ordenado junto a su cama. También le había dejado a Alejandro un poco de azúcar en una tacita, para que endulzase ese remedio de gusto un poco agrio.

La madre le preguntaba cuando entraba en la habitación:

—¿Tomaste el antibiótico, Alito? —y Alito respondía que sí y seguía viendo los dibujitos animados.

Alejandro se acordaba en detalle de aquella historia y de cómo, de tan chiquito, había comenzado a ver en los medicamentos de la casa una presencia amigable de efectos casi mágicos para él y recordaba cómo, en más de una oportunidad, los remedios azucarados le parecían tan ricos que, sin decir nada, aumentaba las dosis como si se trataran de un dulce.

Sin dudas sería temerario y poco serio afirmar que ese fue el origen de las adicciones que, con los años, desarrollaría Alejandro. Sin embargo, lo cierto es que ese recuerdo olvidado, y revivido en el relato de su madre, le funcionó como una clave para comprender que su familiaridad y atracción por las drogas comenzó mucho antes del alcohol en la adolescencia. Estaban ya presente a sus cinco años, en su mesita de luz.

Aquí tenés tus drogas

(En memoria)

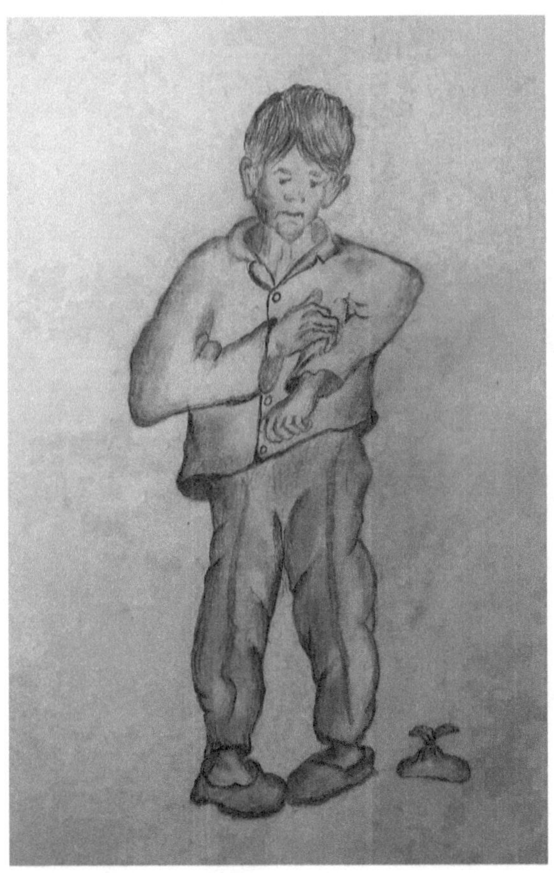

Hace varios años trabajaba en un pequeño consultorio del barrio Pueyrredón, en Córdoba. Una tarde estaba terminando de ordenar mis historias clínicas, y sonó el timbre. Al abrir la puerta me encontré con una señora delgada, bajita y de cabellos blancos algo despeinados. Era una tarde ventosa. La mujer vestía ropa humilde de colores oscuros, llevaba una cartera desgastada, igual que sus zapatos.

Yo estaba a punto de retirarme del lugar pues tenía que llegar a tiempo a un acto escolar en el que actuaba uno de mis hijos pequeños. Le expliqué que en ese momento me estaba yendo, pero ella me insistió y rogó que por favor le otorgara unos minutos, me explicó que le había costado mucho encontrar el lugar y que había venido caminando desde lejos. Se la notaba muy interesada en que pudiéramos hablar. No me quedó otra alternativa más que atenderla.

La hice pasar aclarándole que tenía un tiempo mínimo. María, tal era su nombre, me dijo que había escuchado que, en ese lugar, «curábamos adictos», y que venía por eso.

—Mire, licenciado —me dijo—, yo vengo por mi hijo, con la intención de que él haga por fin un tratamiento por su adicción. No sabe lo buen chico que es: inteligente, capaz, pero cometió algunos errores en su vida. Me gustaría saber qué tengo que hacer, porque si bien José sabe que yo estoy buscando ayuda para él, todavía insiste en que puede salir solo de todo esto. Sabe, licenciado —suspiró—, aunque hace años que estoy en esta lucha, todavía no perdí las esperanzas.

Escuchaba a María y comencé a imaginarme toda la situación que ella estaba viviendo, aunque guardando algunas reservas sobre lo que me decía. Muchas madres y padres a veces relatan de manera exagerada episodios que deberían ver desde una perspectiva menos dramática en la vida de sus hijos.

Como estaba apurado por irme, le hice una propuesta:

—Entiendo lo que le pasa, María; pero mire, hagamos una cosa: yo le voy a dar un turno para esta misma semana, para que usted vuelva con su hijo José. Sería importante para mí poder hablar con él y escucharlo. Esto que usted está haciendo, María, lo de pedir ayuda, es buenísimo, la felicito. Pero el próximo paso es poder verlos a los dos. ¿Qué día le parece que pueden venir? —Y tomé mi agenda, para anotar una futura entrevista, cerrar el encuentro y salir del consultorio rumbo al acto escolar. Ya estaba justo de tiempo.

María hizo un momento de silencio, era de un hablar bajito y pausado, y dijo:

—Bueno, mire, licenciado, pasa que hay un tema que usted tiene que saber. Es imposible que José venga aquí, por eso me gustaría que usted fuera a verlo a él. José está en la cárcel del barrio San Martín, preso.

A esa altura me di cuenta de que yo me estaba metiendo en un lío para el que, en ese momento, no disponía de tiempo para resolver. Yo no trabajaba como terapeuta dentro de la cárcel ni nada parecido. Y en ese momento de la conversación, estaba en verdad algo impaciente por terminarla. «Para qué habré hecho pasar a esta señora», me recriminé en mi interior, «no puedo llegar tarde al acto de mi hijo».

—Ah, entiendo —le respondí—. Y dígame, María, ¿cuándo estaría saliendo José de la cárcel?

—Y más o menos dentro de tres años —respondió.

La cosa iba empeorando. Entonces rebobiné toda la situación para tratar de ubicarme bien frente a qué tipo de problema estaba, y sobre cómo podía resolverlo rápidamente cuidando de darle un mensaje realista y esperanzador a esta mujer.

—Uhm, comprendo, María. Pero sabe, en esa cárcel, hay un excelente equipo de profesionales que seguramente conocen y atienden a José. Le recomiendo que hable con ellos, si es que todavía no lo hizo.

—Sí, en realidad ya lo hice, pero quería algo más específico, por eso vine aquí. ¿Hay algo que usted pueda hacer?

Pensé un ratito y le respondí:

—Lo que yo puedo hacer es reforzar su pedido ante los profesionales de esa institución, conozco a algunos colegas que trabajan ahí dentro. Si José estuviera próximo a salir ahora, podríamos planificar algo bien concreto, pero como le quedan tres años todavía en la cárcel, le sugiero insistir con los profesionales de allá para que lo atiendan. En todo caso, y si usted lo considera posible, le diría que por favor, regrese a consultarme dentro de dos años, es decir cerca de cuando José esté por recuperar su libertad, y ahí vemos.

Supuse que esa era una manera elegante de cerrar la conversación con esta insistente mamá y que, por supuesto, nunca más volvería a verla.

María me miró con ternura y agradeció gentilmente mi tiempo, se retiró tranquila.

Terminé de acomodar el consultorio, lo cerré y salí velozmente, para cumplir con lo que tenía planeado. En la vereda, pasé a María por el costado y la saludé, apurado, mientras la dejaba atrás.

—Adiós, María, mucha suerte con José.

—Adiós, licenciado, gracias por su tiempo —respondió suavecito y de buena gana.

El tiempo pasó, y exactamente dos años después de ese encuentro, en un nuevo consultorio más iluminado que ahora yo tenía en barrio General Paz, sonó el timbre una tarde y, tras abrir la puerta, ¡oh sorpresa!, estaba de nuevo esa mamá,

María, ahí paradita, como quien cumple con un mandado. ¡Dos años después!

—¿Se acuerda de mí, licenciado? ¿De José? Vine como usted me dijo.

A pesar del tiempo transcurrido, la reconocí de inmediato, estaba vestida casi igual y despeinada como cuando la había conocido. Asombrado por su reaparición, la hice pasar, y comenzamos a conversar de nuevo después de tan largo intervalo.

No es común en nuestra profesión programar una entrevista con dos años de anticipación y, que además, el paciente venga puntual y con idéntico interés con el que se había ido.

Con la misma voz maternal y con sus ademanes calmos, me contó que su hijo seguía preso y que, como estaba a menos de un año de salir, ella tenía toda la esperanza de que, de la cárcel, José pasara a internarse en una comunidad terapéutica para consumidores de drogas, que ella sabía que yo, junto con un equipo de colegas, teníamos en la localidad de La Cumbre.

Esta vez la escuché tranquilo y conmovido, me di cuenta de que no estaba frente a una circunstancia común. Lo de ella no era solo insistencia, también era disciplina, convicción, coherencia con lo que quería lograr. Inspiraba un profundo respeto, por eso su pedido comenzó a ser un desafío para mí, y una oportunidad para el aprendizaje.

Cuando el consumo de drogas se convierte en un problema en la vida de un hijo, sus padres y madres muestran un abanico de reacciones que van de la negación a la desesperación. Ambos extremos suelen complicar más el problema, en vez de colaborar en solucionarlo. Pero, con los años, María había logrado un punto de equilibrio en esa tensión. Se comportaba como una gotita que caía y que, sistemáticamente, ejercía su trabajo sobre la roca. En este segundo encuentro, María supo ponerme de su lado.

El asunto es que ya comprometido con esta historia, al poco tiempo, me conecté con colegas conocidos que trabajaban en la vieja y húmeda cárcel del barrio San Martín e hice los arreglos necesarios para visitar al tal José.

Junto a una trabajadora social de la penitenciaría, que llevaba el caso de este joven preparamos la entrevista y, en una descascarada y gris salita de reuniones de un frío pabellón carcelario, concretamos el encuentro. Yo debía adaptarme al *ritual de funcionamiento* propio de la institución. Después de mucha demora, un guardia trajo a José, mientras nosotros lo esperábamos en un extremo de la alargada sala, detrás de una mesita metálica gris, único mobiliario del lugar, aparte de las tres sillas metálicas también.

José entró con la cabeza metida entre los hombros, despeinado, llevaba un equipo de gimnasia rojo que le quedaba grande, y calzaba las inconfundibles zapatillas al estilo de chancletas. Cuando se presentó, lo hizo con gestos lentos, perezosos, y con una pronunciación arrastrada.

Le conté que había conocido a su mamá y que la había visto muy preocupada por él. Le expliqué también que yo trabajaba en el tema de las adicciones y que venía a conocerlo para saber si él creía que iba a necesitar algún tipo de ayuda terapéutica al salir de la cárcel.

—Ya sé que mi madre te pidió que vinieras a verme, pero de verdad que no lo necesito —me dijo—, porque yo nunca tuve graves problemas con la droga. Algunas pocas veces tomé algo, pero ya es una etapa superada en mi vida. Esto ya se lo conté a ella —dijo, señalando a la trabajadora social que me acompañaba.

En efecto, esta profesional me había manifestado que José siempre negó tener problemas con el consumo de sustancias, y que probablemente —ella pensaba—, toda esto no eran más que miedos y exageraciones de la mamá.

José volvió al mismo argumento:

—Mi madre dice que soy un mentiroso, y algo de razón tiene: de adolescente le he mentido mucho, pero eso ya pasó, hoy ya tengo casi treinta años. Lo que me interesa ahora es salir de aquí y rehacer mi vida.

A todo esto, la conducta de José era muy curiosa, porque todo el tiempo hablaba de manera lenta, como si estuviese adormecido, y con ojos vidriosos. Parecía empastillado.

Como cualquier terapeuta que trabaja con consumidores de drogas, estoy entrenado en poner bajo sospecha todo lo que escucho en terapia, sospechas a las que, con los años, intenté encontrarles su tamaño adecuado. Por eso, en un momento le manifesté a José, de buena manera, aunque provocativamente, mi desconfianza sobre lo que nos decía.

—Entiendo lo que me contás, José, pero bueno, es tu vida y vos sabrás qué hacer con ella. Lo único que te digo es que me llama la atención tu manera de hablar, es como si estuvieras bajo el efecto de algo que tomaste. O, a lo mejor, tenés sueño.

Y en ese momento, sucedió lo imprevisto. Mientras José volvía a explicarme que su problema con las drogas era cosa del pasado, hizo un gesto moviendo su brazo derecho y, sin que él ni la trabajadora social se dieran cuenta, se le cayó de un orificio en la manga de su campera, una pequeña bolsa de nailon con algo adentro.

Me apuré entonces a cerrar la reunión, y nos levantamos los tres para despedirnos. Me puse de pie rápido, delante del paquetito caído, para saludar a José, de tal manera que él no lo viera, porque yo intuía de qué se trataba el asunto. Cuando el guardia se llevó a José, levanté del suelo esa bolsita de nailon arrugada, que mostraba pastillitas de distintos colores, y se la mostré a la trabajadora social, contándole que eso había caído de la manga de José. Eran psicofármacos, las drogas típicas de las cárceles. José nos había estado mintiendo todo el tiempo.

La trabajadora social se sorprendió primero y se indignó después.

¿Qué había que hacer ahora con ese manojo de drogas que se le habían caído a José? Por reglamento, había que denunciarlo pero, si lo hacíamos, lo sancionarían, y si eso ocurría sería casi imposible para mí construir una relación de confianza con él, ingrediente indispensable en todo vínculo terapéutico.

Si en verdad queríamos ayudarlo, debíamos encarar el problema de otra manera.

En aquel tiempo yo estaba estudiando un tipo de intervención terapéutica denominada «prescripción del síntoma, o intervención paradójica», que básicamente consiste en proponer al paciente que continúe con una conducta que le resulta dañina para que, de esta forma, advierta que debe cambiarla. Va contra la lógica pero, en ciertos casos, funciona. Me pareció que la situación contenía los requisitos propios para este tipo de intervención. Entonces le propuse a la asistente social que, cuando volviera a ver a José en el consultorio, le devolviera las pastillas, pero sin que ella se dejase enredar en ningún tipo de justificación por parte de él.

La asistente entendió la estrategia, aceptó el desafío y se jugó con un verdadero riesgo para su trabajo; en resumidas cuentas, lo que ella iba a hacer constituía un delito: darle drogas a un interno.

Ella entonces así lo hizo: cuando volvió a verlo, le devolvió el paquetito y le dijo:

—*Aquí tenés tus drogas*. Se te cayeron en la entrevista que tuvimos la última vez, cuando nos explicabas que ya no te drogabas más.

José me contó después que, en ese momento, se había sentido perdido en el universo. «¿Qué diablos está pasando?» —pensó—. «¿Se volvieron todos locos?». Guardó el paquete entre sus ropas y, como quien recibe un golpe *knock out,* volvió al silencio de los pabellones carcelarios.

Lo que había hecho la trabajadora social no era solo devolverle sus drogas, sino también darle una bomba de tiempo emocional, que iba a explotar en otro momento y en otro lugar.

Y así pasó. Se desató un proceso interno en José y, a los pocos días, entró en crisis, se quebró y lloró. Pidió entonces una nueva entrevista, a la que acudí, y allí explicó con honestidad y valentía su problema con el consumo de drogas que siempre había negado, se mostró también dispuesto a recibir ayuda terapéutica y acompañamiento familiar. A partir de ese momento comenzó un proceso que continuó con su internación en una comunidad terapéutica el mismo día que salió en libertad, justo un 24 de diciembre horas antes de Nochebuena que, por supuesto, pasó junto a la sabia y paciente María, y a su hermano y hermanas.

El resto de esta historia es esperanzadora también. Luego de un tratamiento exitoso, y con el paso de los años, José armó una linda familia y se dedicó a ayudar a consumidores de drogas en una institución marplatense. Lo último que supe de él es que hace unos años ingresó a la universidad para cursar la carrera de psicología, la cual está próxima a terminar. María, la de la sabia y activa paciencia, hace unos pocos años, falleció.

Belleza natural

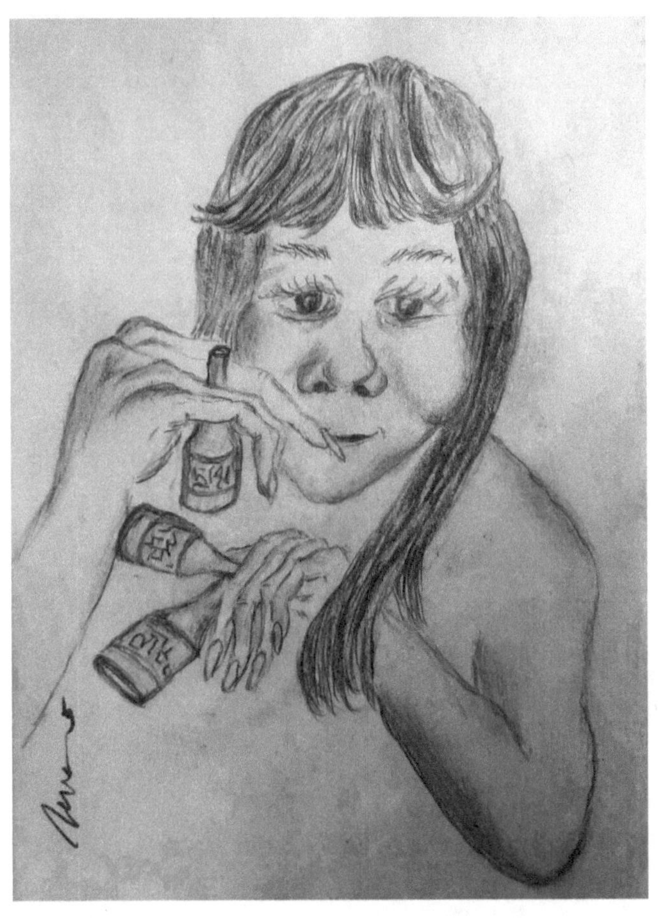

¿A qué cosas podemos ser adictos? Es una pregunta común que escuché muchas veces. Y la respuesta más sencilla es: a todo lo susceptible de producirnos placer. Porque en realidad lo que hacen las adicciones es forzar una conducta circular a través de la cual se genera placer con algún tipo de sustancia o comportamiento y, luego, cuando esa sensación falta, se busca repetir la acción para volver a sentir esa sensación inicial. Y así sucesivamente.

El problema aparece cuando el circuito se complica. Por ejemplo, se comienza a necesitar más sustancia, o a repetir más seguido la conducta en cuestión, porque ya no se alcanza tan fácilmente el bienestar buscado, como al principio. O empieza a ser un problema cuando intranquiliza o deprime la ausencia o vacío de aquel estado placentero, y entonces la falta del estímulo se traduce también en una situación indeseable que lleva a consumir.

Todo lo descripto tiene su correlato biológico en el llamado «sistema de recompensa» inscripto en la dinámica de nuestro sistema nervioso, y cómo aquel interacciona con la sustancia buscada y con la conducta repetitiva, por lo que puede generar el infeliz círculo de la adicción.

Generalmente los que trabajamos con este problema nos encontramos con protagonistas parecidos en los escenarios de la adicción: consumidores de marihuana, cocaína, tabaco o de alcohol. O jugadores compulsivos, o adictos al sexo, a internet o a la comida.

Sin embargo, la de Lorena fue una historia particular, que

viene a confirmar la frase ya dicha de que «se puede ser adicto a cualquier forma de generar placer». Lorena llegó una tarde a mi consultorio con Sebastián, su novio, ambos aparentaban tener alrededor de treinta y cinco años. Estaban impecablemente vestidos y peinados, parecían sacados de una revista de moda.

Se presentaron como una pareja a punto de casarse, exitosos en el estudio jurídico que habían inaugurado un par de años antes. Eran abogados. No obstante, un descubrimiento de último momento puso en crisis los planes de la pareja y su sociedad profesional.

Sebastián abrió la sesión con un relato en tono de enojo y frustración, mientras Lorena miraba el suelo hacia un punto fijo, con rostro inexpresivo. Ella no quería estar ahí, sentada, pero él le había dado un ultimátum: o buscaban ayuda juntos, o todo se terminaba.

En la charla me enteré de que, desde hacía cinco de años, vivían en una linda casa que habían edificado en un barrio privado y de que ambos provenían de familias acaudaladas de la provincia de Mendoza.

Pero estaban conmigo ahí —explicaba Sebastián— porque, seis meses antes, había salido a luz el problema del consumo compulsivo de Lorena. Al principio él no les había dado importancia a los cambios de conducta de su novia, aunque luego se fue dando cuenta de que estaba frente a un problema, en realidad, muy serio y que amenazaba con destruir todo lo que habían logrado juntos.

Mientras Sebastián me comentaba lo de la *adicción* de Lorena, yo trataba de reconocer de qué tipo de consumo compulsivo se trataba, ya que no la especificaban ni él ni ella. Lorena se sumó a la descripción de la situación, y ambos relataban cómo ella se encerraba por mucho tiempo en los baños, o desaparecía por largos períodos cuando salía con él al shopping o de paseo.

En el estudio jurídico, Lorena cerraba la puerta de su oficina y luego aparecía inmersa en un comportamiento cansino y lento, que le impedía continuar de manera eficiente con el seguimiento de sus clientes o con los expedientes, lo cual implicaba una recarga de trabajo para Sebastián. Y en la casa pasaba algo similar, si bien ella tenía como virtud presentarse estéticamente impecable, la casa comenzó a estar desordenada, más allá de los esfuerzos de Sebastián por hacer su parte. Siempre ambos llevaban en pie de igualdad los asuntos domésticos pero, en los últimos meses, comenzaron las recriminaciones hacia Lorena porque pasaba por alto casi todas las reglas no escritas de convivencia.

Otro cambio importante fue que, por decisión de Sebastián, hacía tiempo que habían dejado de salir con parejas amigas, debido a repeticiones de incidentes tan extraños como difíciles de explicar. En las últimas ocasiones, Lorena mostraba insólitos y repentinos comportamientos inclasificables en esas salidas. Había veces en que se tornaba hiperconversadora hablando sin filtro hasta de aspectos íntimos de la pareja que sorprendían y molestaban a Sebastián, o se volvía apática, distante, ausente y confusa. En más de una oportunidad se había levantado de la mesa, por ejemplo, y se iba ofuscada al baño, en donde demoraba demasiado tiempo.

Sebastián comenzó a sospechar que Lorena estaba consumiendo cocaína, o algún tipo de psicofármaco, pero ella lo negaba. Él comenzó a revisarle la cartera a escondidas de ella, pero invariablemente encontraba lo mismo: el monedero, algún perfume o cosmético, y otras cosas que no le servían a él de explicación.

Tres meses antes de nuestra primera entrevista, Sebastián llamó a un cerrajero e hizo falsear la cerradura del baño del estudio jurídico, de tal manera que Lorena no la pudiera trabar desde dentro tras cerrarla, aunque creyera haberlo hecho.

Sebastián entonces, una tarde, esperó a que Lorena entrara al baño por tercera o cuarta vez, para una vez ahí entrar y sorprenderla en alguna actitud que lo explicase todo.

Lorena entonces fue al baño, demoró como siempre, y Sebastián golpeó la puerta preguntando si todo estaba bien, cuando ella respondió que sí, él esperó un ratito y abrió la puerta de manera rápida y repentina. La vio entonces sentada sobre la tapa del inodoro, con la cartera abierta entre sus piernas, y aspirando embelesada su esmalte de uñas. Sebastián no supo interpretar lo que veía y Lorena estaba demasiado embriagada para reaccionar a esa sorpresa. Él le preguntó qué estaba haciendo, y ella respondió con tono arrastrado:

—Nada, salí.

«¿Esmalte de uñas?», se preguntó Sebastián confundido. Y dándose un tiempo, recordó la continua presencia de ese olor en la casa, o de distintos desodorantes, que luego interpretó como una estrategia de Lorena para tapar el fuerte aroma del esmalte. Recordó entonces que, cuando había revisado su cartera, había encontrado tres frasquitos de esmaltes, dos llenos y el otro casi vacío, aunque en ese momento no le otorgó otra explicación que la del culto de Lorena a la estética.

Cuando pudo confrontarla y preguntarle por lo sucedido, ella lo increpó enojada por lo desubicado de abrirle la puerta del baño. Se pelearon y se dejaron de hablar por unos días. Mientras tanto, Sebastián buscó información sobre los esmaltes de uñas y se sorprendió de todo lo que se enteró. Lorena ya no pudo explicar los continuos olores a pinturas de uñas en la casa y así admitió su exótica adicción a aspirarlos de manera recurrente y ritual.

Cuando ella fue consciente de todo lo que podía perder por su apego a los esmaltes, decidió comenzar un tratamiento, pero le costó muchísimo admitir su dependencia a los químicos de esas pinturitas. Lorena creía saber que los adictos eran casi delincuentes, y que consumían drogas ilegales a las que, en su profesión, le decían «estupefacientes». ¿Cómo podría ser ella una adicta también? Si era profesional, nunca había delinquido, venía de buena familia y solo sentía un profundo atractivo por los esmaltes de uñas.

Sin embargo, con el tiempo y con la entrega con que se había dedicado a buscar soluciones a su problema, entendió la naturaleza de su adicción. Comprendió que estaba entrampada en una conducta de la que no podía salir por sí sola, y que esto la llevaba a arriesgar las cosas que más quería. Entendió que había desarrollado mecanismos típicos de cualquier dependencia: el ocultamiento, la mentira, la negación y el desprecio de las cosas que en realidad valoraba, a cambio de una superficial aunque intensa gratificación momentánea. Se enteró también de que los químicos que aspiraba formateaban su conducta en un círculo de repetición, y de que estaba perjudicando la manera en la que naturalmente debían funcionar su sistema nervioso, sus emociones y su manera de pensar.

Aunque le costó muchísimo, avanzó hacia una recuperación luego de un largo proceso, donde aparecieron viejas heridas de su vida, que tuvo que sanar. Y en ese proceso de crecimiento, su vida debió cambiar tanto como sus uñas porque, ahora, no le convenía tener ningún tipo de *esmalte* que tapara artificialmente su belleza natural.

Benditas drogas

Era un triángulo. Eran tres: mamá, papá y Dante.

Mamá era bajita, habladora, desconfiada y tenía como oficio mediar religiosamente entre papá y Dante. Cuando Dante no hacía los deberes en la escuela, mamá, antes de que papá se enterara, tomaba el cuaderno y completaba ella la tarea, para que papá no se enojase.

Mamá descubrió un gran placer en hacer por Dante lo que él podría haber hecho por sí mismo. Y papá miraba sin entender cómo se alejaba su esposa de la mano de Dante. Por su parte, Dante descubrió muy temprano que el llanto, el capricho y el grito eran llave para multitud de permisos y regalos.

Dante tuvo una infancia llena de juguetes y saturada de madre. Siempre se preguntaba con curiosidad: ¿por qué extraño a papá aun cuando está conmigo?

Ya en la adolescencia de Dante, si papá tenía algo que decirle, como «no vuelvas después de las tres de la mañana», se lo decía primero a mamá, y ella esperaba la oportunidad para darle el mensaje a Dante, que iniciaba con la frase: «Dice tu papá».

Mamá era portavoz, teléfono, intérprete, mediadora, enlace, una especie de *módem* entre el cerebro de papá y el cerebro de Dante.

Si Dante necesitaba plata y no se la podía pedir a papá, porque él le había dicho enojado que ya le había dado suficiente, Dante acudía a mamá, y ella hacía como un giro por sobre papá, y Dante conseguía de él la misma plata que antes le había negado. Y todos felices.

Sin embargo, parece que papá conocía el juego, y lo curioso es que, en el fondo, lo tranquilizaba que mamá le diera a Dante la plata que él, como padre supuestamente severo, le había negado a su hijo como castigo.

Si bien mamá parecía la más sufriente de los tres, en realidad, acaparaba a Dante y acaparaba a papá. De alguna manera, los tenía separados y alejados entre sí a los dos, pero a la vez, muy cerquita de ella. Para ella su oficio, su vocación, su trabajo, era estar permanentemente en el medio.

Papá le decía a mamá cómo educar a Dante. Papá vivía tan ocupado en su trabajo y se sentía tan incapaz de construir una relación con su hijo que delegaba todo en mamá. Él tenía mucho miedo de mostrar lo que sentía y, salvo el enojo o su interés por el trabajo, no se permitía ninguna otra demostración de emociones.

Dante había descubierto algunas cosas interesantes, por ejemplo: que tratar con su papá y con su mamá por separado le resultaba más que conveniente. Que si mamá y papá estaban peleados, le era más fácil conseguir cosas de cada uno. Y que, si bien los amaba a ambos, no entendía por qué, a veces, quería hacerles daño.

Si este triángulo deprimía a mamá, ella buscaba un psiquiatra que la medicase. Papá en cambio, resolvía su malestar con amantes. Y Dante descubrió la marihuana.

Mamá, papá y Dante se querían. Pero nunca supieron cómo decirlo. Papá era incapaz de dar un abrazo a Dante. Hasta le costaba tocarlo. Pero lo tranquilizaban todos los abrazos que mamá le daba a su hijo, y suponía que eso equilibraba la situación. Aunque Dante vivía asfixiado por los abrazos de mamá, los deseaba porque lo hacían sentir un niño, pero a veces los rechazaba, porque le impedían crecer.

Mamá hablaba mucho, siempre, todo el tiempo. Papá solo hablaba cuando estaba muy contento, lo cual sucedía muy pocas veces, o cuando se enojaba mucho y gritaba. Dante hablaba muy poco, casi nada. Era hermético. Implosionaba. Pero esto cambió cuando comenzó con la cocaína.

Papá, mamá y Dante sabían que algo andaba mal. Vivían en un mundo tenso, en un ambiente desagradecido, querían ser felices, pero no les salía. Dante comenzó a maltratar a papá y a mamá de una forma cada vez más evidente. Nunca los agredió físicamente pero, un día, descubrió que insultar a mamá no le traía graves consecuencias. Descubrió también que robar a papá le resolvía la economía.

Mamá y papá comenzaron a experimentar algo novedoso. Por primera vez en años, se dieron cuenta de que estaban de acuerdo en algo y lo expresaban así: «Dante tiene un problema. Dante *ES* el problema».

Dante, por su parte, no entendía muy bien el asunto, si bien podía aceptar que él tenía un problema, no estaba dispuesto a decir que el único problema de la familia era él. No podía explicar con claridad porqué no, pero sentía que el problema era, más bien, de los tres.

El asunto es que, un día, no pudieron más y buscaron ayuda. Vinieron al consultorio, contaron su historia, lloraron, se quisieron ir, no veían salida, se esforzaron en conversar, sacaron sus trapitos al sol, lloraron otra vez, pero insistieron en buscar nuevas formas de vivir.

Un día pudieron romper el triángulo que los atrapaba y comenzaron a ensayar nuevas maneras de relacionarse.

Cuesta admitirlo, pero las drogas de Dante resultaron una *bendición*. Porque gracias a ellas, mamá, papá y Dante se dieron cuenta de que tenían que cambiar. Papá entendió que debía cambiar de pose, cambiar la cara, animarse a nuevos gestos, tratar directamente con su hijo. Mamá aprendió a pensar en ella, a salir del medio. Y Dante, a independizarse y a crecer.

¡Quién hubiese dicho que gracias al sufrimiento de las

drogas pudieron darse cuenta, y crecer!

CANNABIS MEDICINAL

(En memoria)

Conocí a Laura hace más de veinte años. Había llegado al Programa Cambio muy a pesar de ella y traída por su familia. La situación era más o menos típica: adolescente difícil, que había comenzado a fracasar en el colegio secundario, de novia con un muchacho algo más grande y con quien consumía, por lo menos, marihuana con bastante asiduidad. Promediaba sus catorce años cuando manifestó un fuerte cambio en su conducta y en su visión del mundo, lo que sorprendió a sus padres, quienes de repente se encontraron desorientados y literalmente sin saber qué hacer ante esta *nueva* Laurita. Decidieron armarse de paciencia y esperar, atribuyendo la situación a la *crisis de la adolescencia*. Sin embargo pasó más de un año y, en vez de menguar, la crisis aumentó, hasta que descubrieron que su hija usaba marihuana casi en forma cotidiana y que en ella, también existían abusos episódicos de alcohol: el miedo entonces los invadió y reaccionaron.

Vivían en un pueblito de Córdoba, del Valle de Traslasierra, una linda localidad, pero con unos pocos habitantes, lo que hacía que este problema socialmente retumbara como un golpe seco en un cajón peruano. Todo el mundo hablaba de Laura, y de paso, criticaban a su familia, por lo que seguramente esta había hecho mal para que su hija le *saliera* así.

Un pueblo pequeño sabe ser muy cruel frente a una situación de este tipo cuando decide ponerla como comidilla en las críticas y en los rumores. Además, en pueblos donde casi nunca pasan hechos trascendentes, hablar de lo *mal* que una familia hizo las cosas despierta un morbo muy atractivo, así como mucha atención.

Al poco tiempo y en el imaginario popular, Laura se convirtió en la *drogadicta oficial* del pueblo. Y en los lugares de conversación pública —peluquería, almacén, bar de la esquina, sección de espera de la Municipalidad, entre otros—, circulaban distintas propuestas sobre cómo se debería *ayudar* a Laura, que ya había dejado la escuela y que, de vez en cuando, salía de mochilera con este «novio *marihuano*» *(sic)*. Y por supuesto, se hablaba de las diversas buenas cosas que su familia debió hacer, pero que no hizo a tiempo.

Un día el novio en cuestión desapareció del pueblo sin decir nada a nadie, tampoco a Laura; y ella, deprimida, se encerró en su casa la que, al fin de cuentas, nunca había dejado de ser su verdadero refugio. Entonces su mamá, Analía, profesora de literatura y mujer afectuosa y sensible, inició una estrategia paciente y perseverante para volver a construir un lazo de comunicación y confianza con su hija, con el objetivo de recuperarla. Así, la convenció de iniciar un tratamiento psicoterapéutico junto con toda la familia.

Durante una entrevista de sinceramiento, recuerdo que Laura blanqueó a sus padres que había probado marihuana por primera vez a los once años y que, a los trece, comenzó con bebidas fuertes, como vodka, anís y ginebra. Su madre quedó sorprendida por la información, torturándose por cómo pudo haber sido posible que no se hubiera dado cuenta de estas peligrosas costumbres en que se había iniciado su hija.

El papá sin embargo quedaba en parte justificado ante la familia, ya que en aquel entonces era camionero y, por lo tanto, gran parte del tiempo lo pasaba fuera del hogar, aunque era muy afectivo y cariñoso con Laura. A pesar de que todos los días se comunicaba telefónicamente cuando estaba de viaje, las consecuencias de su falta de presencia física se notaban y llevaban a que la maternidad de su esposa quedara recargada con una serie de responsabilidades que le hubiese gustado compartir con su marido. Pero, más allá de estos deseos incumplidos, Analía no le recriminaba esto a su marido, entendía que su trabajo era así y valoraba en él el interés que mostraba en sus comunicaciones telefónicas cuando estaba lejos de casa en su camión.

El vínculo de Laura con la marihuana era intenso y especial. Verdaderamente era su *droga de elección*, es decir, aquella sustancia de entre varias que había probado y que, según ella, «la ponía en onda» consigo misma. Había aprendido a manejarla en el sentido de saber cómo proveerse de ella, cómo administrar sus efectos y disfrutar de la intoxicación.

Como es lo propio de estas historias, ya a los dieciséis años y una vez que dejó la escuela, casi las únicas personas con las que Laura se relacionaba eran también consumidores de marihuana. Tuvo una plantita propia que sembró en el jardín de su casa (disponía de un patio grande) pero, por temor a que su madre o alguno de sus hermanos la descubriera, la transfirió a una macetita y la llevó a la casa de una amiga que *coleccionaba* vegetales del estilo. El grupo de consumidores al que pertenecía mantenía un fuerte vínculo de lealtad-hermandad con códigos propios, con un argot distintivo y, en general, con una mirada crítica y común sobre la sociedad. Tenían esa cosa de clan-tribal que tanto seduce a los adolescentes fascinados por estas lealtades alternativas a la familia de origen.

Pero cuando el novio de Laura desapareció, ella se desorientó: eso no debería haber sucedido, no estaba ni en sus cálculos ni en las reglas que regían su mundo. Gracias a él, ella se había ligado con el resto de la gente con la que ahora mantenía un vínculo, la que como él, era de mayor edad que ella. Se trataba de jóvenes o adultos en su mayoría, y con hijos pequeños si los había. Las causas de la partida del novio de Laura nunca se supieron con claridad, eran solo hipótesis pueblerinas del tipo: «se fue con otra chica», «tenía deudas por drogas y decidió desaparecer», «se enganchó con una secta porque era muy espiritual y decidió marcharse», y elucubraciones del estilo.

Entonces Laura comenzó a aislarse de a poco, lo que no impedía que diariamente saliera a dar una vuelta para fumarse un par de porros. Los necesitaba: en ese estado de angustia en el que había ingresado, funcionaban como un eficiente psicofármaco tranquilizante que la devolvía a un estado de mediana felicidad, aunque ya no cargado de risotadas como otras veces, sino de sonrisitas relajantes ante situaciones que, en estado de lucidez, no habrían desatado su asombro, tales como el vuelo en que planea un pájaro, el jugar con un palito en la boca de ingreso de un hormiguero o en las formas del reflejo de luz en los metales.

La estrategia de su madre fue simple, intuitiva y eficaz. Dejó de cuestionar el estilo de vida de su hija como lo había hecho últimamente y, por supuesto, de ninguna manera mencionó críticas al novio fugado, al que guardaba una bronca visceral porque había aparecido temprano en la inocente vida de su hijita, para cambiarla para mal.

El padre de Laura estaba en contacto vía telefónica permanente con su esposa Analía, para ver cómo andaban las cosas en casa, es decir, para saber cómo estaba su hija. Hasta había pensado en dejar su trabajo como camionero a partir de esta situación: la culpa por su ausencia obligada le pesaba demasiado. Pero por el momento eso no era posible, tenía un sinnúmero de deudas que pagar y carecía de otras posibilidades laborales. Llamaba con tanta insistencia a la casa que un día discutió fuertemente con Analía por ese tema ya que, al final, sus llamados se habían convertido en un problema, más que en un acompañamiento. Sin embargo, al final, supieron resolver la tensión. Los recuerdo como a una linda pareja que había aprendido el difícil arte de la negociación.

Laura comenzó su tratamiento a desgano, como suele suceder con todo adolescente de dieciséis años pero, con el correr del tiempo, *se enganchó* y lo supo aprovechar. Fue largo e insistente el trabajo que tuvo que hacerse con ella para que adquiriera una mirada crítica de la marihuana y tomase conciencia de que, aunque algunos de sus amigos pudieran fumarla de manera *responsable* —según decían—, en el caso de ella, eso resultaba ahora demasiado difícil. En realidad, había desarrollado una adicción a la hierba, es decir, ya había quebrado el límite de un *uso razonable*, y por lo tanto su consumo desataba una reacción en cadena que hacía que, al poco tiempo de volver a probar, se encontrase consumiendo todos los días y hasta a escondidas. Ya no podía manejar la marihuana. Además, en aquel entonces como ahora, pensar en un *consumo responsable* a esa edad —reitero: era una chica de catorce años— resultaba conceptualmente un desacierto. Si el *consumo responsable* era una opción, sin dudas, su discusión pertenecía al mundo de los adultos, y no al de los adolescentes, cuando el desarrollo psicológico, social y biológico resulta más que vulnerado ante el uso de cualquier droga.

La mamá Analía fue una leal compañera en el proceso terapéutico de su hija, lo que significa que lo sufrió y le costó trabajo, vigilia y angustia. Ayudar a Laura a tomar distancia del grupo de los usuarios de marihuana fue toda una tarea en la cual Analía aprendió a poner límites a las salidas de su hija, a su horario y al manejo de su dinero. Analía decía que de nuevo le estaba enseñando a su hija a caminar, con todo el desgaste que eso significaba tratándose de una adolescente.

Ya casi a los diecisiete años Laura terminó su tratamiento, había vuelto a la escuela a terminar su secundario, y el rumbo de su vida dio un giro positivo y fundamental. Se había vuelto a vincular con amigas del secundario y pudo reconstruir un estilo de vida en el cual las drogas ya no tenían cabida. Fue una agradecida a su madre y también a su padre por cómo la habían acompañado en el proceso.

Más de veinte años después, encontré a Laura por casualidad mientras caminaba por el centro de la ciudad. Ya era una mujer de casi cuarenta años y estaba con su actual pareja, la que me presentó. Le pregunté entonces por sus padres, a los cuales yo recordaba con mucho cariño, sobre todo, a Analía, quien más la había acompañado en su terapia. Me preguntaron entonces si tenía un poco de tiempo para conversar y me invitaron a tomar un café en un barcito cercano, porque querían contarme algo, y allá fuimos.

Laura entonces relató que su mamá había muerto hacía menos de un año, producto de un cáncer que había terminado con ella en breve tiempo desde que se lo habían diagnosticado.

—Es notable cómo las historias se cruzan —me dijo—, y cómo las cosas que hacemos a veces regresan por caminos impredecibles.

Hablaba como su madre y me contó esta historia:

—Resulta que a mamá se le despertó un tumor que había tenido en el pecho izquierdo, y, sin darnos tiempo a nada, hizo metástasis. Comenzó un tratamiento bastante cruento, con quimioterapia que, al principio, pareció hacer buen efecto pero, con el paso de los meses, no resultó. A sus dolores, que eran intensos, sobre todo en la espalda, se lo podíamos controlar con medicación pero, en el último tiempo, lo que la superaba eran las náuseas constantes y los vómitos. La quimioterapia le provocaba estas desagradables reacciones que los médicos trataron de controlar, pero sin éxito: se descomponía y quedaba hecha un papelito por ese reflejo de mierda. Era muy difícil verla así. Imaginate a papá, se desesperaba. Para colmo, eso obviamente traía otras consecuencias, ella se deshidrataba, tenía hambre pero no podía comer, había que canalizarla en sus bracitos ya muy maltratados, y cosas así, muy feas.

»Un día, y después de leer mucho sobre el tema, se me ocurrió plantearle: '¿Por qué no probás con marihuana?', y le expliqué eso de lo que tanto se habla ahora del *cannabis medicinal*. Estudié mucho sobre el rol del CBD y el THC (componentes activos en la planta de cannabis) en el reflejo nauseoso y, aunque no tenía certezas, insistí. Hablé con nuestro médico, un amigo de años, y él lo habilitó, ya que los intentos farmacológicos que hacía para que mamá superase ese constante estado nauseoso luego de las quimios fracasaban. Lo cierto es que un día estaba tan mal con sus arcadas y vómitos que me miró seria y asintió con la cabeza de que iba a probar. Entonces le conseguí marihuana de buena calidad, uno nunca pierde los contactos —me dijo con una sonrisa—, y una pipa de agua para que pudiera fumar de mejor manera.

»Rápidamente, aunque su estado no se solucionó un ciento por ciento, mejoró muchísimo porque se detuvieron esos reflejos que la ponían tan mal. Pero, mirá vos Juan Carlos, cómo el pasado siempre vuelve —me dijo—: a las dos semanas de estar mucho mejor, intenté armarle la pipa de agua y me explicó que prefería no volver a fumar, me confesó que no se estaba sintiendo bien con eso porque tenía una pelea interna y que, en realidad, tenía mucho miedo de que su consumo me hiciera mal a mí.

»En un principio, no comprendí. Me explicó entonces que, a pesar de los años que habían pasado, seguía teniendo terror de que yo volviera a consumir drogas por verla a ella *drogarse* ahora, y esas cosas. Por primera vez en años, me pude dar cuenta de lo que mi adolescencia turbulenta había significado para mi mamá, y de la herida que había quedado en ella por todo lo ocurrido. Aun así, sentía mucha bronca por esto que pasaba por su cabeza: el que no distinguiera lo que fue mi consumo del de ella; a pesar de ser una mujer tan abierta, la vi entrampada en prejuicios que me sorprendían. Pero a la vez, me sentía culpable, muy culpable, como si sin querer y por mi historia, le estuviera quitando a mamá lo único que, en ese momento, le hacía bien.

»Hablamos largo de todo eso y, si bien consumió algunas veces más, al final terminó por descartarla, a pesar de que sus náuseas casi habían desaparecido gracias al cannabis medicinal. Imaginate, hasta mi papá le pedía casi llorando que volviera con la marihuana, porque en esas semanas la había visto mejor, comiendo otra vez y algo más relajada. Sin embargo, no hubo forma: dejó la marihuana. Por supuesto volvieron sus náuseas y vómitos, así como esa búsqueda de algún fármaco legal que le hiciera bien, y que nunca encontró.

La conversación con Laura y su esposo fue larga y amena en ese café, y derivó en otros temas, como los prejuicios sociales, la sobreactuación moral del Estado en su persecución total contra la marihuana, la hipocresía de la gente en el tema de las drogas y las contradicciones en las que nos ponía esta planta ancestral.

Nos despedimos, y yo seguí mi camino impactado por la historia, mientras me interrogaba sobre mi papel en estos recelos sociales que permitían historias dolorosas, como las de Analía.

Armando Quintana llegó a la comunidad terapéutica a los veinticuatro años gracias a una orden judicial. En un retén policial de ruta, le habían encontrado cocaína en el auto, y así pasó una noche en una comisaría por primera vez en su vida. Cuando se enteró su familia, que estaba muy conectada políticamente, esta entró en pánico y buscó la manera de que un juez ordenase rápido la internación de Armando en un centro de tratamiento para adictos.

Así sucedió, y Armando llegó a la comunidad terapéutica acompañado por dos policías, su papá y el hermano mayor. Me tocó recibirlo. Era un muchacho de estatura mediana, atlético y con una educada manera de hablar. Venía con miedo.

Rápidamente se integró en el grupo de residentes de la comunidad terapéutica y conoció los códigos de la convivencia. Era respetuoso y daba a entender que, desde ese momento, quería «hacer las cosas bien» y abandonar su consumo de cocaína y de otras drogas.

El padre y un hermano de Armando manifestaron su ansiedad de sumarse a la terapia lo más pronto que se pudiera. En aquel entonces, la manera de trabajar era internar al paciente primero y, luego de un par de semanas, concretar una entrevista familiar.

Durante esos primeros quince días, tuve oportunidad de conocer más profundamente a Armando. Era una persona acostumbrada a los lujos y a los caprichos. Su padre era un empresario importante, y su madre, una mujer muy vivaz y simpática, de esas madrazas hábiles para reunir a sus hijos adultos en la mesa familiar con cierta periodicidad. Armando era el menor de cuatro hermanas y del hermano mayor que ya mencioné. Siempre fue el mimado, el consentido, el *hijo-nieto* de sus padres bastante mayores, y el *hermanito-hijo* de su *banda* de hermanos: le llevaba nueve años a su hermana inmediatamente mayor. Su nacimiento había sido una sorpresa para estos padres que, para entonces, creían haber *cerrado la fábrica*.

Eran en verdad una hermosa familia. Celebraban estar juntos, se trataban con mucho respeto y sabían expresarse cariño. También eran muy queridos en el barrio donde vivían.

Como dije, Armando, hasta esa época «Armandito», era el mimado de toda su adulta familia. Todas sus hermanas (más una que otra tía) componían una especie de *equipo maternal* que tenían la autoimpuesta misión de cuidar, proteger y aconsejar continuamente a Armandito, más allá de la protección que le daban sus padres.

En una familia sobreprotectora, aunque suele parecer a primera vista un golpe de suerte, oficiar de hijo menor es, en el fondo, una trampa oculta. Y más, si hay muchas hermanas mayores y, encima, tías: «Armandito de aquí, Armandito de allá. ¿Qué necesitás? No tomés frío. ¿Tenés plata?, ¿seguro? Yo te busco, yo te llevo, yo te doy. Comprá más, viajá más, tomá más». Y Armandito un día, tomó cocaína.

Lo que quiero contar de esta historia es lo que pasó en la primera y en la segunda entrevista familiar que tuvimos en aquella comunidad. Para eso, necesito explicar primero cómo suelen funcionar estos espacios de tratamiento.

Se supone que, en una comunidad terapéutica, los residentes deben aprender a manejarse con responsabilidades. Es decir, hacer la comida a cierta hora, mantener limpia la casa donde viven, trabajar la huerta o los talleres de oficios, supervisar tareas, lavarse la ropa y cumplir a rajatabla con los horarios, entre otras obligaciones. Se busca que la persona aprenda a vivir ordenadamente, practicando la responsabilidad y respetando hábitos básicos, porque se supone que el abuso de drogas debió llevarlos a un estilo de vida desordenado y de conductas irresponsables.

Por eso, en la comunidad terapéutica en que se internó Armandito, teníamos ciertas reglas. Por ejemplo, las personas no debían tener más que tres mudas de ropa; de esa forma, se acostumbrarían a tener que lavar siempre la que se había terminado de utilizar y además, debían encargarse de las tareas comunes de la casa donde se vive en pos del beneficio común de la comunidad. Se trataba de vivir respetando el principio de «debo ganarme lo que tengo» o, dicho de otra forma, «nadie debe regalarme nada».

Armando estaba muy ansioso por la entrevista familiar y deseaba verlos a todos de una vez. Se mostraba arrepentido por todo lo que había pasado y por lo que había hecho sufrir a su familia, y quería disculparse. Sabía que su detención y derivación a un tratamiento por drogas había calado hondo en los suyos ya que todos ignoraban su consumo y se habían enterado así, de golpe. O por lo menos, si alguien lo sabía, nunca había hablado de eso.

Por otra parte, el día en que lo detuvieron, Armando iba de regreso a su casa para buscar a su madre y llevarla al médico por un problema de huesos que concentraba toda la atención familiar. Es decir que, con su detención, el giro que dio la vida familiar fue un mazazo para todos, y Armando sentía mucha culpa y remordimiento por eso. Encima, seguro que se había enterado no solo todo el barrio sino también, el resto de la familia extendida, lo cual debió ser un baño de vergüenza para los Quintana.

Llegó el día de la entrevista y, quince minutos antes de lo previsto, en tres autos nuevos y lujosos, llegó la familia en pleno. La hermana que vivía en Chile vino con su esposo. Una segunda también estaba con su marido, habían llegado de Salta, donde vivían; y el resto había dejado todo para estar presente en este evento familiar. Yo junto con Armando los esperaba en un nivel alto del terreno, en donde estaba la casona. Bajaron del auto y comenzaron a subir una alargada escalera, hasta que el padre y la madre se entrelazaron con Armando en un abrazo interminable entre lágrimas, besos y expresiones de afecto.

Pero lo que comenzó a llamar mi atención y la de otro colega que me acompañaba era la cantidad de bolsos que los Quintana habían bajado de los autos y que subían con ellos por la escalera.

Entramos entonces a la sala de entrevista con Armando, sus padres, sus cuatro hermanas (dos de ellas con sus esposos), su hermano mayor y, por lo que pude contar, dos bolsos grandes y dos valijas medianas.

No viene al caso lo conversado en la sesión, pero sí decir que, casi al comenzar el encuentro, la mamá de Armando, Thelma, tomó la palabra, saludó, comentó lo contentos y ansiosos que estaban todos, y comenzó a hablar de lo que traían en esos misteriosos bolsos. Venían ahí dentro unas diez mudas de ropa para Armando, equipos de gimnasia, colchas por si tenía frío, varios pares de zapatillas y zapatos, su velador, y otras cosas, entre ellas: cuatro pelotas de fútbol, y una valija llena de golosinas y adornitos para la institución. En el bolso más alargado de todos, para mi sorpresa, traían un juego de palos de golf de Armando. Demás está decir que, en aquel lugar de trabajo, no había ni por asomo una cancha de golf. Era un lugar humilde, con lo básico, por eso todos esos presentes resultaron sorprendentes. Lo curioso también era que, cuando Armando se internó en la comunidad terapéutica, se le dijo a la familia qué debían llevar y, por supuesto, eso habían traído el primer día en un bolsito que recuerdo me entregó su papá. Todo lo que ahora habían llevado era un plus, un mensaje familiar que solo los Quintana podían entender en su real significado.

Tuvimos la sesión, y la familia se fue con el compromiso de volver a una próxima entrevista dos semanas después.

Fue tan fuerte el tema de los regalos y de las dádivas familiares que se hicieron presentes en esa primera sesión que, en los días sucesivos, trabajamos terapéuticamente con Armando el significado y las consecuencias que esa manera de demostrar amor tuvo en su vida. Además, con ese movimiento, la familia le cambió el libreto a Armando: él los esperaba para pedirles perdón por lo que los había hecho vivir, y la familia le tapó la boca con ofrendas inmerecidas.

En esos días de terapia personal y de grupo, él se dio cuenta de que la historia de su vida fue recibir regalos y más regalos sin nunca tener que ganarse nada. Armando tenía veinticuatro años de aprender que todo se consigue sin esfuerzo. Veinticuatro años de creer que, en la vida, se tiene derecho a todo, y sin obligación de nada. Siempre tuvo todas las comodidades y los placeres que quiso, y cuando quiso más, probó cocaína y le gustó.

Todo esto que relato en pocas palabras fue un darse cuenta interno que pudo experimentar Armando gracias a los excesos a los que lo expuso la familia en la sesión que comenté. Excesos que, para los Quintana, eran su forma de demostrarle amor pero, para Armando, constituía una escuela de irresponsabilidades y de caprichos.

Así, fuimos juntos planificando qué decir y hacer en la próxima entrevista, hasta que sucedió. Como la primera vez, los Quintana llegaron quince minutos antes, pero ahora los hicimos esperar. Esta vez, solo traían dos bolsos que nunca llegamos a abrir.

Ingresamos a la sesión y, a los pocos minutos, le pregunté a Armando si nos podía mostrar lo que había en los nuevos bolsos de regalos. Entonces tomó la palabra y, entre tartamudeos y temblores, los dejó a un costado.

Explicó que prefería no recibir nuevos regalos porque estaba algo incómodo con tantas cosas de más. Y les dijo que quería hacer algo que, por supuesto, ya habíamos acordado antes con Armando (pero que yo dudaba de si lo haría o no). Salió un momento de la habitación para volver de inmediato con dos compañeros también internados, a los que les había pedido ayuda. Entre todos llevaron a la sala los bolsos con los que la familia había llegado la primera vez.

El silencio era incómodo, tenso. Entonces le pregunté a Armando amigablemente:

—¿Qué necesitás hacer y decir?

Y les dijo:

—Quiero devolverles lo que no necesito.

La madre y el padre intentaron hablar para tranquilizar a este extraño y tembloroso hijo, para explicarle que ellos le daban todo porque lo querían. Pero los interrumpí y les pedí que hicieran un esfuerzo por estar en silencio y dejar que Armando dijera e hiciera lo que él había planificado, que así lo ayudarían si lo escuchaban.

Armando entonces devolvió uno por uno los regalos a la familia. Como si fuese un ritual, entregaba la ropa, las zapatillas, los palos de golf, las pelotas de fútbol, y hasta las golosinas. Recuerdo que lagrimeaba cuando lo hacía y, a la vez, explicaba que, de ninguna manera, quería que se ofendieran, pero que todos estos regalos y los que había recibido en la vida no lo ayudaron a hacerse cargo de las cosas, sino que lo habían convertido en una persona egoísta y caprichosa.

Nunca voy a olvidar esas caras de mamá y papá. Era como si estuviesen bajo una tortura. Encima yo les había pedido que no dijeran nada. Para una familia acostumbrada a expresar sus afectos a través de las cosas materiales, un acto así por parte de uno de los suyos era incomprensible, casi una traición.

Thelma, la mamá, era de esas mujeres de hablar claro y directo, sin pelos en la lengua. Estaba como perdida porque, en realidad, el mensaje que ella interpretaba era algo así como: «Armandito no me quiere más».

Yo sentía que me miraba con muy poca simpatía, como si me dijera: «Pero ¿qué le pasa? ¿Qué le hiciste al chico?». Por su parte, el padre tomaba con incomodidad y con una sonrisita nerviosa lo que Armando le devolvía.

Una de las hermanas presentes, esa que siempre se enojaba con las conductas de Armando, la que criticaba a sus padres por ser condescendientes con *Armandito*, entendió rápidamente de qué se trataba todo eso y, emocionada, se sentó al lado de su madre, la abrazó mientras el hijo en cuestión cargaba sobre la falda de Thelma con ropa, bombones y zapatillas.

—Tiene razón, está bien lo que hace —le repetía ella a su madre.

Cuando el ritual de las devoluciones terminó, Armando se sentó y les explicó lo que acababa de hacer, y el miedo que le daba devolver los regalos. Miedo porque, después de eso, las cosas no serían como antes, o eso esperaba, y miedo también a que la familia no lo supiera entender y se ofendiera.

La sesión siguió su camino y significó un antes y un después para todos, que ayudó a que, con los meses, *Armandito* se fuera convirtiendo en Armando.

Me queda la imagen de estos padres y hermanos, bajando la escalera cargados de bolsos, con culpa y desconcierto. Como sufriendo una injusticia. Solo el tiempo les hizo ver el gran favor que les había hecho este hijo al devolverles las cosas de más.

Drogar a la abuelita

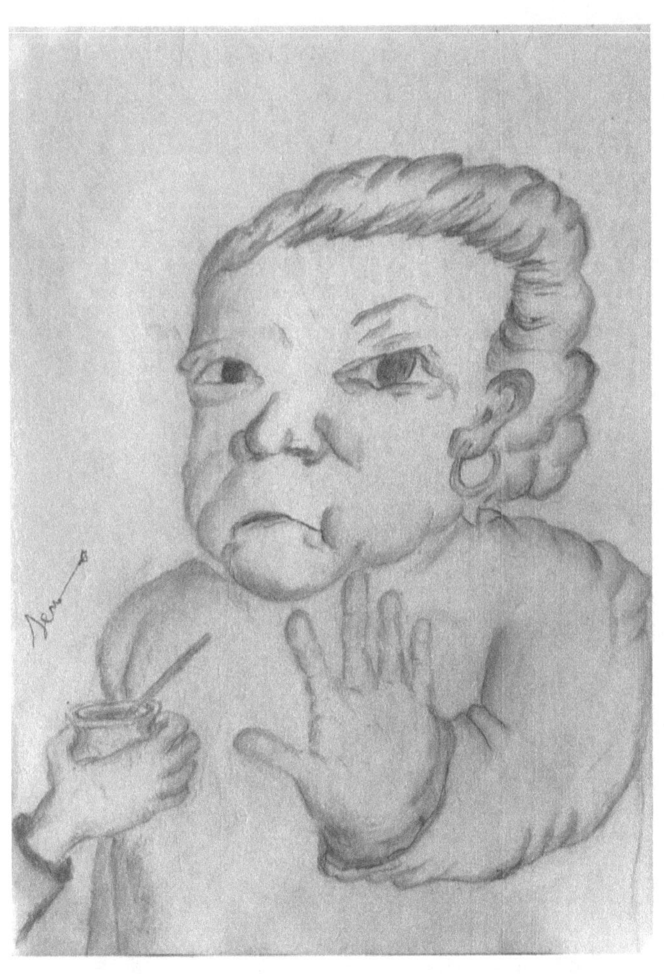

Victoria era una adolescente curiosa, inteligente, vivaz y profundamente sensible. Se conocieron con Irene en la escuela primaria y construyeron ese tipo de amistad que, habiendo nacido en la infancia, se proyecta para toda la vida.

Compartieron secretos, el despertar de la sexualidad, enojos intrascendentes y sueños comunes.

En sus turbulentas adolescencias, una funcionaba como sostén y respiro de la otra. Victoria, cuidadosa y temerosa, no era de asumir demasiados riesgos. En cambio, Irene vivía como una exploradora: se cuidaba y, a la vez, se arriesgaba. Le encantaba descubrir lo nuevo y avanzaba hacia lo desconocido.

A los catorce años, Irene probó marihuana por primera vez y, aunque siempre convidaba a Victoria, no lograba que su amiga se decidiera a probar.

Un día la historia cambió, y Victoria fumó. Si bien la primera vez no sintió nada, insistió hasta que le agarró el gustito. A los pocos meses, la historia se dio vuelta, y ella incitaba a Irene a proveerse y a juntarse para fumar.

Un día Irene comenzó a preocuparse por su amiga de tal manera que tomó la decisión de hablar con la mamá de Victoria. Por supuesto le costó contárselo, sentía que traicionaba a su mejor amiga, pero como vio que Victoria fumaba ya casi todos los días y que había perdido la cursada del año en la escuela, además de hacer una serie de cosas que la ponían en riesgo, Irene decidió dar ese paso.

Como Victoria no tenía papá y su mamá trabajaba todo el día, era su abuela Mirta quien la criaba. Se tenían un profundo amor entre las dos. Pero claro, la abuela era de otra época y, aunque se esforzaba en estar cerca y en entender a su nieta, le resultaba otro idioma su manera de vivir.

Conocí en mi consultorio a Victoria, a su mamá y a su abuela. Victoria vino a esa sesión por presión familiar. Lo de ir a un psicólogo le parecía innecesario, exagerado, una pérdida de tiempo. Encima, «¿Ir porque fumo marihuana?» era para ella una antigüedad.

—No estoy loca —decía— ni soy adicta.

Su abuela se mostró desconcertada por la situación.

—Desde que me enteré de que se está drogando, no puedo dormir —decía apesadumbrada.

Pero lo curioso de esta abuela era la forma en que se explicaba el consumo de marihuana de su nieta:

—Seguramente un día a la salida de la escuela algún atorrante aprovechó y le puso una inyección de droga en la cola sin que se diera cuenta —decía.

Victoria la miraba con ternura, sorprendida de tan inocente explicación.

En cambio, su confundida madre, asustada, pedía internar urgente a Victoria, para *curarla*. Estaba convencida de que esa era la única solución posible al problema.

Por su parte, Victoria no hablaba y, cuando lo hacía, era para aclarar que se quería ir, y que sentía que ni siquiera tendría que haber venido a consulta.

Afortunadamente, logré un buen vínculo con Victoria. Poco a poco en las sesiones, comenzamos a entendernos y a ganar confianza mutua. Así avanzamos en más profundas y reveladoras conversaciones.

Para ella, la marihuana no era la inyección del enemigo que imaginaba la abuela, ni la droga esclavizadora que describía la mamá. Todo lo contrario. Era casi lo mejor que le había pasado en la vida. Gracias a la marihuana, había descubierto la risa fácil, el poder sentirse tranquila, despreocupada y, sobre todo, el saltar la valla de su timidez. Le gustaba quién era ella, fumada.

Por eso muchas veces, cuando se reunía a la tarde para matear con la abuela, disimuladamente, mezclaba marihuana con la yerba del mate y esperaba a ver los efectos cuando la nona tomara. Lo que buscaba en verdad era que su abuela se riera, quería rescatarla de la queja, llevarla por un ratito a su mundo feliz. Pero nunca lo logró.

—Será —me contó después—: porque ponía muy poquita cantidad, en realidad, tenía miedo de que le hiciera mal.

Victoria tenía en el patio de su casa una macetita con un brote de marihuana, a la que cuidaba como a una mascota, y que su madre no sabía diferenciar de otras plantitas. La mamá estaba contenta de que, en su hija, se hubiera despertado una vocación jardinera, un amor por la naturaleza. Y a su pedido, le regaba la plantita cuando Victoria se iba a dormir a la casa de su amiga Irene.

Me sorprendía la habilidad de Victoria para incluir en su mundo cannábico a su mamá como jardinera, y a su abuela como mateadora. Y no era que buscara comprometer a su madre con el narcotráfico, ni tampoco intentar matar de sobredosis a la abuelita. Su proyecto perseguía fines inocentes y altruistas: buscaba compartir una tarea en común con su mamá, y un estado de ánimo positivo con su abuela.

Sin embargo, las cosas no salen siempre como uno quiere. Lo bueno que la marihuana le daba a Victoria quedó chico ante lo que le quitó. Comenzó a tener malos resultados en la escuela. Sus notas bajaron, estudiar le costaba como nunca y se sentía desmotivada. Se había acostumbrado a mentir. Había cambiado de amistades, de horarios y de formas de diversión. Lo que al fin y al cabo había asustado a Irene, su amiga de la vida.

A medida que avanzaba su tratamiento, Victoria replanteaba su estilo de vida, revisando y reparando muchas de las cosas que no la tenían contenta.

Recuperarse de las drogas, de cualquiera de ellas, en el fondo, no es más que reencontrarse con proyectos que valen la pena, con afectos dejados en el camino y con emociones anestesiadas.

La entrevista en la que Victoria le agradeció a Irene el haber hablado con su mamá fue emotiva y valiente por parte de ambas. Se abrazaron, lloraron y rieron de verdad, y entre las dos se pusieron de acuerdo en un acto simbólico que les costó sus ahorros y que solo ellas entendían: regalar a la abuela Mirta un mate nuevo con una bombilla bañada en plata.

El funebrero

(En memoria)

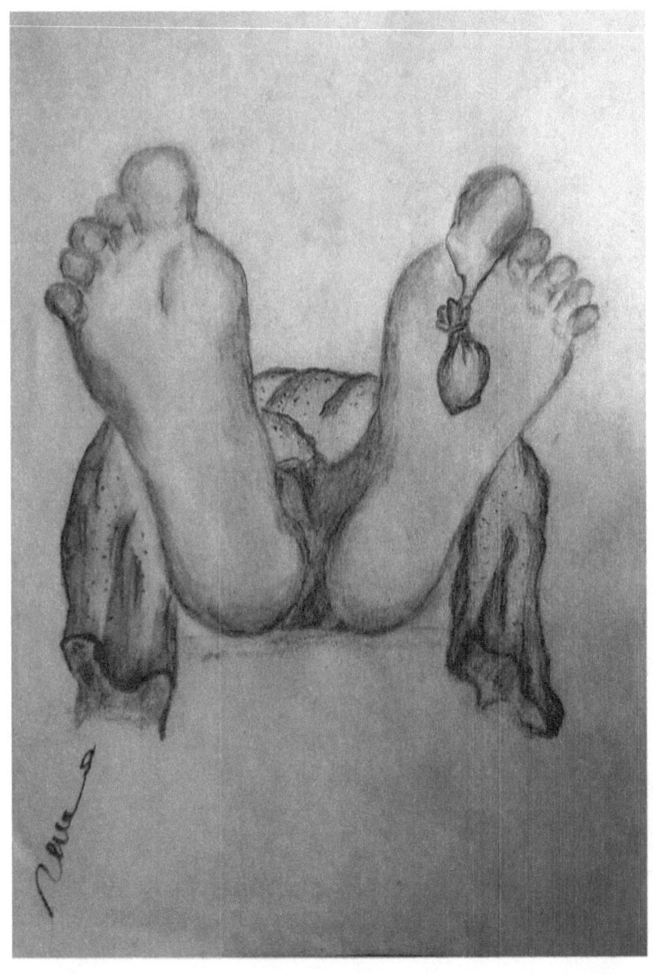

«Axel se dejó morir», lo escuché de uno de los médicos que lo atendieron, de sus amigos adictos y también, de su familia. Nadie supo muy bien cómo llegó al hospital, pero lo cierto es que, luego de buscarlo durante días, a sus padres les llegó la noticia de que una persona con el mismo nombre que su hijo había ingresado al Hospital Córdoba.

Allá fueron y era él: no hablaba, estaba con suero y con otras ayudas tecnológicas propias de quien se encuentra en una unidad de terapia intensiva. El médico explicó que hacía unos diez días que había aparecido en la guardia y que, desde ahí, se lo ingresó al hospital con un cuadro confuso, para determinar un diagnóstico y una terapéutica adecuada. El muchacho solo dio su nombre y contó que se sentía muy mal, afiebrado, enfermo.

—Luego de eso, no habló con nadie más —explicó sorprendido el profesional— o, a lo mejor, dijo algunas nimiedades, cosas aparentemente sin importancia y en voz bajita.

Su fiebre aumentó y, aunque lo invadieron con antibióticos y con otros medicamentos, nunca se recuperó. Fue en picada. Pero lo que más llamaba la atención a médicos y a enfermeras era su actitud de entrega, de no pelearla, de dejarse estar como quien quiere morir. Si hay quienes se suicidan con el método de *dejarse estar*, este fue un caso.

A contramano de lo descrito, yo recordaba a Axel como a un joven aguerrido y luchador. En una entrevista familiar que habíamos tenido unos seis meses antes de su muerte, llegó a ser muy duro con su padre, un descendiente de ingleses de aspecto famélico y carácter insípido, con serias limitaciones para expresar afectos, y que siempre había sido ultraexigente con su hijo. Su madre también era una mujer fría y distante que, muy de vez en cuando, intercambiaba con Axel algunos gestos de complicidad; aun así, él me confesó una vez que ella le seguía pareciendo una extraña.

Axel construyó su vida y su mundo en la calle, donde había logrado en verdad ser *alguien*, un líder reconocido, una persona con la que otros querían estar, un adicto, un *loco*, con todas las letras. Sabía cómo hacer para proveerse de drogas, ocupar alguna casa donde vivir, vender sus artesanías y arbitrar tensiones entre sus amigos. También sabía acompañar a los noveles que se iniciaban en el hábito de drogarse, una capacidad muy valorada en ese oficio. En ese campo, era todo un maestro, un sabio, un *sensei*. Quizá ese haya sido el fundamento por el que se reconocía su liderazgo entre sus pares, porque daba seguridad a los demás, se manejaba como quien sabía hacer las cosas, conociendo las reglas de la vida en sociedad, y sobre cómo burlarlas si era necesario. Sin embargo desde que se internó en el Hospital Córdoba, su grupo de seguidores, aunque no lo abandonó del todo, había tomado una prudente distancia de él.

Varios días después su mamá, con voz temblorosa, me llamó por teléfono para decirme que Axel estaba hospitalizado. Ella ya sabía que su hijo había muerto, pero no se animó a decírmelo; en su lugar, me avisó:

—Axel está en el Córdoba, y las cosas no están bien. ¿Podés acompañarnos?

Quedamos en encontrarnos en el lugar y, como llegué primero, me enteré del desenlace al preguntar en la recepción.

A los minutos arribaron los padres, compungidos y gesticulando dolor y miedo. Aunque conocían la noticia, parecía que necesitaban escucharla otra vez de parte de los médicos, en vivo, y ya no por teléfono, y por supuesto pedían ver el cuerpo. Entramos los tres a una salita pequeña que era parte de la morgue de la institución. Traían en un bolsito ropa para cambiarlo —explicaron—, y sin instrucción aclaratoria, así nomás, de prepo, me lo dieron a mí. Entendí el mensaje. La madre salió de la morgue del hospital luego de besar el cuerpo de Axel que estaba ahí, y el padre se quedó llorando desconsolado mientras lo acariciaba y se preguntaba por qué pasó lo que pasó. Es conmovedor ver a un hombre grande llorar así, sin contenerse en nada.

Pasados unos minutos entró otro hombre: alto, gordo, de unos cincuenta años con campera de cuero negro y desaliñado. Abrazó al padre de Axel y rompió en llanto también frente al cadáver. Era la primera vez que yo lo veía. Se presentó como un amigo de la familia y, una vez que el padre se retiró del lugar, ese hombre se quedó solo conmigo y el cuerpo del difunto, a quien miraba asustado y con ojos bien abiertos. Estaba como petrificado frente a Axel. Yo no sabía muy bien qué hacer y atiné a presentarme, mientras sostenía el bolsito que me había dado la madre. Él me dijo su nombre, el cual ya no recuerdo y, señalando con una mirada al bolso, dijo:

—Lo voy a cambiar yo.

Interpreté entonces que la madre le había hecho ese pedido y que le había explicado la situación. Sin embargo el hombre quedó ahí como una escultura que tiritaba. Tenía su mirada clavada en el apagado rostro de Axel y se restregaba las manos despacio, pero con fuerza suficiente como para que ese áspero sonido me molestase. Hice un tímido movimiento con mi brazo acercándole el bolsito, pero como no pude abstraerlo de su estado de estupefacción, volví a mi posición original. Me quería ir de ahí, en realidad, porque me incomodaba más ese hombre que el cuerpo de Axel.

Pasaron unos segundos, eternos, y entonces me miró y dijo con esfuerzo:

—Dame un minuto, por favor, necesito ir a un baño —y salió de la sala.

Fue cuando me quedé solo frente al cuerpo y, despacio, comencé a revisar la ropa que había en el bolsito.

No era la primera vez que moría una persona que yo había atendido, pero sí era la primera que yo estaba en una morgue de hospital solo frente a un cuerpo sin vida de alguien que había sido un paciente que atendí en psicoterapia. Desde mi interior, aproveché para despedirme de él y para cuestionarme mi trabajo como terapeuta. Estaba en eso cuando entró el padre y comenzó lentamente a desvestir a Axel. El padre ya no lloraba, pero se movía con mucha lentitud mientras balbuceaba palabras ininteligibles. Supuse que le hablaba a su hijo.

Entonces el hombre de campera negra volvió a entrar, pero ahora con una actitud enérgica, diametralmente opuesta a la que había mostrado antes de retirarse, como si en ese momento estuviese por fin convencido de algo. Puso su mano sobre el hombro del papá de Axel y lo acompañó de nuevo al hall exterior por la puerta vaivén mientras le decía que él haría esa difícil tarea, que se quedara tranquilo. Volvió y por fin me pidió el bolsito, y sacó decidido toda la ropa que había dentro: una camisa blanca, un pantalón azul y un par de medias azules también. Extendió todo sobre una vieja camilla contigua y me dijo que no me preocupara, que me podía ir ya, que él se encargaría de todo con otros amigos que estaban a punto de llegar. Pero a la vez, mientras desvestía a Axel, no dejaba de hablarme y me interrogaba sobre si sabía en dónde lo velarían. Antes que yo pudiera responderle que no, en voz alta, se preguntaba si habría un peine en el bolso y, acto seguido, también le hablaba a Axel, diciéndole:

—Pero, pendejo, por qué te mandaste esta cagada, vos deberías estar vivo y de joda, pero bueno, la vida sigue, ya va a pasar... —y frases así.

En ese momento comprendí de repente la escena que tenía delante y me estremecí, me di cuenta de que su ida al baño había sido para tomarse una línea de cocaína. Por eso había regresado así: activo, charlatán, movedizo, perturbado, inquieto; cada tanto, pasaba la antecara de su mano por la punta de su nariz, mientras manipulaba el cuerpo de Axel. Tan distinto de ese hombre tembloroso y en llanto de la primera escena.

Si bien había visto muchas veces a personas bajo efectos de la cocaína, esta situación en especial era tan perturbadora que me generaba un profundo rechazo y malestar. Entonces, salí de la morgue. Lo que sucedía ahí dentro, yo lo vivía como una afrenta a Axel, como un sacrilegio: su cuerpo detrás de esa puerta, estaba siendo vestido por un hombre cocainizado y que, por esa condición, se hallaba ajeno a cualquier emoción genuina. Ese hombre estaba motorizado por un químico, no por el afecto, y bajo el control de una droga contra la que tanto habían peleado estos llorosos padres sufrientes que tenía ahora delante de mí abrazándose, ignorantes de lo que pasaba en esa otra sala. Entendí que estaban siendo engañados una vez más.

Pero, a la vez, me daba cuenta de que así había sido la vida en la que Axel había insistido: siempre buscando estar entre consumidores como él, como si eso lo contuviera. Deseoso de estar bajo los efectos de la *merca*, de la *gilada*, para frizar su sufrimiento y sentirse un titán ante el mundo.

Confundido, y ya de vuelta a mi casa, esta era mi duda: ¿cómo interpretar esa insólita y bizarra escena: como una afrenta a Axel o como el mayor de los tributos que se le podía ofrecer? Nunca lo supe responder.

Leandro aspiró y llenó de humo sus pulmones, cerrando los ojos y apoyando la espalda en ese sillón acolchonado. Se mantuvo así por unos segundos, concentrado, aislado en sí mismo. Luego soltó el humo como silbando despacio —pero sin emitir sonido— y, de nuevo, repitió el procedimiento con otra seca y otras más. Pasó un momento, no supo cuánto, porque el tiempo había comenzado a derretirse como en esos relojes dibujados por Dalí; mientras, el cuerpo comenzaba a resultarle algo distinto, más pesado, más caliente, más extraño y agradable.

En la boca ocurría una revolución; su lengua, que cobró cierta autonomía, tendía a pegársele a un paladar cada vez más seco, y le molestaba. Entonces la mojó con otro trago de cerveza, para despegarla y sentirla suelta otra vez. Siguió fumando, y sus ojos, ya hinchados, comenzaron a abrirse despacio, dejando pasar la luz de la habitación en forma de rayos flotantes de nuevos colores.

La música retro de Pink Floyd, que escuchaba al iniciar la fumata, seguía lanzando sonidos sorprendentemente nuevos, y eso lo maravillaba. Por eso le encantaba oír Pink Floyd en ese estado. ¿Cómo podía ser?, si tantas veces había escuchado ese tema; ¿cómo podía ser que esa canción todavía guardara secretos? «Estos tipos son unos zarpados, y más genios todavía cuando los escucho así de volado», pensó.

Y mientras tanto, se iba sumando a la conversación con sus tres amigos del alma. Una conversación animada, cada vez más divertida, que le producía por momentos una risa descontrolada y eterna. Le gustaba tanto lo que pasaba en esa habitación que todo lo demás era un asunto de segundo nivel, descartable, inútil.

Jugaba con el humo del porro mientras lo espiraba, imaginando historietas al verlo dibujar formas en el aire frente a su cara. Y así, el tiempo quedaba suspendido.

«La marihuana es la planta del tiempo», reflexionó. «Porque lo puede reinventar, modelar, estirar, hacerlo caminar despacito, sentarlo a esperar». *El tiempo es plastilina en manos de la marihuana.*

Érica, entonces, se levantó del sofá de un salto y, ya avanzada la noche, dijo:

—Vamos a comer algo, tengo un hambre brutal.

Y salieron los tres hacia una hamburguesería de una estación de servicio cercana, que está abierta las veinticuatro horas.

Caminaron mientras hablaban, reían y se daban empujones, llegaron al lugar que estaba lleno de gente, como todos los sábados, gente que había salido a pasear, una que otra familia con hijos pequeños, gente diversa. Ellos estaban de verdad intoxicados luego de haber fumado marihuana sin parar y de haber bebido demasiadas cervezas. Eufóricos, expresivos y, por momentos burlones hacia los demás, se sentían como en un estado de *superación*, más allá del resto de la gente común, en un nivel más elevado de la comprensión del aquí y ahora. Desde sus sensaciones, percibían que los otros que estaban ahí, comprando sándwiches y hamburguesas, eran en realidad ingenuos, elementales, simples, básicos.

Hablaban en voz alta y con ademanes exagerados mientras se hacían chistes sin gracia para los demás que estaban en la fila, que comenzaron a mirarlos, incómodos. Entonces, en la vorágine de la situación, Leandro tomó un vaso plástico de gaseosa que le había entregado la cajera que lo atendía, pero como la mano de él estaba pastosa y distraída, el vaso resbaló y cayó al piso, y empapó a una niña que esperaba a su comida junto a su mamá. El vaso salpicó a otros, que ya comenzaban a mostrarse molestos y enojados por la situación.

Leandro, Martín y Érica, entre miradas cómplices y carcajadas, pidieron perdón reiteradamente a la madre de la niña, y a la demás gente. Sin embargo, lo hicieron de una manera contradictoria y extraña porque, mientras se disculpaban, se reían y se acusaban entre ellos, como niños excitados en un juego.

La situación era de lo más irritante para quienes participaban de la escena, sobre todo para esa mamá e hijita quien, a esa altura, se había puesto a llorar.

Entonces, Leandro salió de esa sintonía común que mantenía con Érica y con Martín, que continuaban en tren de chiste burlón, y por un instante, percibió que estaban haciendo un papelón enorme. Quizá fue la mirada enojada con un gesto de decepción de una vecina suya que, casualmente también estaba en el lugar, la que lo llevó a verse en un papel desubicado, vergonzoso y patético.

Se esforzó en entender la situación. Sabía que estaba muy fumado y que había bebido, por lo menos, tres latitas de cerveza en un corto tiempo.

«Claro, estoy drogado —se dijo a sí mismo—, y parece que estamos armando un quilombo». Hacía un esfuerzo enorme por desdoblarse, por mirarse por fuera de sí mismo y recuperar un poco de autocontrol. Se sentía dividido. Porque, por un lado estaba divirtiéndose con sus mejores amigos más allá del bien y del mal pero, por otro lado, se sentía ridículo, grotesco y desubicado.

Leandro había querido dejar la marihuana más de una vez, pero no había podido: siempre volvía a fumar. Pero esos intentos de superación, aunque breves, habían producido algo distinto en él: de alguna manera, lo habían convertido en su propio juez. Y, cuando estaba fumado, ese juez solía aparecer y le señalaba que no estaba haciendo bien las cosas, que estaba perdiendo el tiempo, haciendo el ridículo, dejándose estar, comportándose como un niño irreverente y caprichoso. Imaginaba de sí mismo que, mientras los demás vivían, se sacrificaban y avanzaban en sus vidas, él estaba haciendo la plancha, flotando en una quietud artificial que, en parte, lo tranquilizaba y, en parte, lo desesperaba, porque la gente y las historias seguían su trayecto alrededor de él. Sin embargo, él estaba detenido, suspendido, congelado en ese tiempo inmóvil de la marihuana.

Se dio cuenta de que lo que le estaba pasando en la hamburguesería era, al fin y al cabo, un resumen de su propia vida, de sus contradicciones. La marihuana ya no le *pegaba* como antes y, por eso, aparecían dos Leandro, el que se reía del vaso caído de sus manos de manteca, producto del efecto de la intoxicación, y el que quería huir avergonzado por haber mojado con gaseosa a una niña que ahora lloraba, el que sentía culpa por hacer el ridículo frente a la mirada sorprendida de los demás.

Al otro día Leandro se despertó tarde en su casa y con resaca. Su madre estaba preocupada por él desde hacía varios años. Básicamente ese desinterés crónico que Leandro manifestaba en lo cotidiano la angustiaba. Él había abandonado varias veces distintas carreras o cursos, así como los trabajos que, si bien cada tanto los conseguía, con la misma facilidad, los perdía por faltar o por llegar tarde. Hacía tiempo que su madre se había dado cuenta de que Leandro no podía sostener ninguna responsabilidad ni desafío, ningún emprendimiento o programa de acción.

Mientras desayunaban, cerca de la hora del mediodía, él y ella intercambiaron cortas miradas, las suficientes para darse a entender que algo no andaba bien. Leandro entonces preguntó:

—¿Cómo se llama ese lugar al que vas para que te ayuden?

Y la madre le dio el dato de un centro de atención psicológica al cual se había sumado hacía algunos meses, para buscar orientación. Había esperado esa pregunta desde hacía mucho tiempo, pero contuvo su verborragia y solo agregó:

—Si querés, podés ir solo, aunque sea para conocer o, si querés, yo te acompaño. —Y luego hizo silencio.

Leandro entonces eligió la primera opción mientras pensaba: «Mirá lo que consigue un vaso que se te cae cuando estás volado y empapa a una niñita».

ENFRENTAR AL PADRE

Alto y grandote, con voz ronca, siempre seguro de sí mismo e inflexible. Era un abogado exitoso y, en su familia, un clásico dictador. Como contrapartida, tenía una esposa sumisa que le hacía el juego, y dos hijos varones que crecieron bajo su mando más que bajo su amor.

Sus hijos debían hacer exactamente lo que este riguroso padre pretendía, debían seguir sus consejos porque la experiencia de él ya les había mostrado con claridad cuál era el camino del éxito y cuál, el del fracaso. ¿Por qué sus hijos deberían probar opciones que él ya había descartado, por erradas?

Era un padre de la escuela dura. De esa que debía escarmentar con palizas a los hijos pequeños. La de *los hombres no lloran*. La de que, con los hijos varones, no hay que ser muy afectuoso, no sea que terminen *raritos*.

Daniel era el mayor de los hijos, y con quien el padre tenía una relación que él definía como «excelente». Era sin dudas un hijo ejemplar para su manera de entender la vida. Mujeriego, jugador de rugby y bueno también en sus estudios de ingeniería. La relación entre ambos era cercana, y se entendían muy bien. Daniel tenía un carácter fuerte y, a partir de la adolescencia, supo enfrentar a su padre cuando algo no le gustaba, pero de manera excepcional, ya que compartían la misma visión del mundo.

En cambio Ignacio estaba hecho de otra madera. De madera *balsa*, para seguir con la metáfora. Era sensiblero, algo inseguro, de hablar poco y en voz bajita y, por supuesto, un compañero excelente de la mamá. Con el padre tenía una relación ambigua, aunque trataba de cumplir con sus expectativas, siempre se sentía en inferioridad de condiciones respecto a él.

El ya mencionado carácter *podrido* de su papá lo había amedrentado de pequeño, su simple mirada de enojo lo hacía temblar, y lo angustiaba sobremanera solo la posibilidad de un futuro reto. Alguna vez de chiquito, el hijo menor se había orinado en público como respuesta a ese padre que le estaba levantando la voz.

En ese entorno creció Ignacio, bajo la sombra de su hermano mayor, con la crítica permanente de su exigente padre y con la bondadosa protección de su madre.

Por esas cosas de la vida, a Ignacio se le despertó también la vocación de su padre abogado. Esto obviamente le trajo varios problemas, pues papá siempre estaba ahí, supervisando su carrera y llenándolo de consejos que, a esa altura de la vida, resultan reiterativos e innecesarios. Muchas veces, Ignacio quiso pedirle que lo dejara en paz, pero por supuesto, no se animaba.

Me contaba que a veces, por las noches, se imaginaba frente a su papá gritándole verdades que, durante años, llevaba guardadas en la garganta, mientras que este lo escuchaba sentadito con gesto de sorpresa y temor.

Sin embargo, su vida real iba por otro carril. Sin darse cuenta, como un calco, había copiado el rol de sumisión que había aprendido de su mamá. Y así durante años se cargó y recargó de frustración y bronca. Llevaba un peso, una bola en el pecho.

Un día Ignacio sintió curiosidad por la cocaína. Así, de repente. No fue una curiosidad nacida por los efectos del alcohol, ni por el humo de la marihuana. En realidad tenía un amigo *habitué* a esta droga que, de vez en cuando, lo invitaba a consumir.

—Este es el remedio para tu vida —le decía.

En una ocasión este amigo le entregó a Ignacio un *raviol*

de merca, que consistía en un papel glacé bien dobladito en cuatro, y simplemente le dijo:

—Probá de una vez.

Ignacio volvió a su casa con ese papelito en el bolsillo trasero de su pantalón y lo guardó en un lugar oculto de su dormitorio. Estaba nervioso. Sabía que hacía algo que, para él y para toda su familia, estaba mal. Pero su curiosidad fue más grande que su miedo.

Una de las noches siguientes, estaba en su habitación con mucho malestar: escuchaba cómo desde el piso de abajo, su padre discutía con su madre, a quien estaba maltratando una vez más. La ninguneaba. Sucedió entonces que, sin pensarlo demasiado, buscó su papelito glacé, lo desenvolvió y, con los ojos cerrados, bien cerrados, aspiró el contenido.

Al rato nomás, lo invadió un sentimiento de euforia, comenzó a sentirse bien, con ganas de no sabía bien qué, pero con ganas. Volvió a escuchar a su padre, gritándole a su madre y, sin planificarlo, así, de manera espontánea y sin filtro, bajó las escaleras, se detuvo frente a su padre y, en voz alta y firme, le *paró el carro,* diciéndole todo lo que durante años se calló y nunca se había animado a decirle. Mientras le gritaba, una parte de él sentía una gran satisfacción, y otra parte, una gran sorpresa.

«Mi amigo tenía razón», pensó Ignacio después de sucedido el episodio. «Este es el remedio para mi vida».

Y así fue cómo Ignacio incorporó la cocaína a la manera de un polvo mágico que transformaba su timidez en valentía, su silencio en discursos y su melancolía, en movimientos de luchador.

Sin embargo esto que parecía una solución, al poco tiempo, se fue convirtiendo en un problema. Siempre necesitaba aspirar cocaína para enfrentar una situación difícil. Y luego continuó aspirando, pero ante situaciones fáciles. Y luego solo por el fuerte impulso que —según me explicó— lo poseía. Todo era un justificativo para consumir y volver a consumir.

El asunto es que, sin querer, sin habérselo propuesto, se fue convirtiendo justamente en lo que detestaba. Comenzó a parecerse a ese padre que tanto mal le había hecho. Omnipotente, cerrado, distante, solitario, preocupado solo por sí mismo, agresivo, sordo y egoísta.

La cocaína lo había convertido en lo que detestaba. Este supuesto remedio se convirtió en su peor enfermedad.

Por eso, cuando conocí a Ignacio, recién entendí su pedido de ayuda al enterarme de la historia que acabo de contar.

«Ayudame a descubrirme, a ser yo mismo, a crecer, a construirme», pedía. Ya no quería ser más ni ese muchachito callado y temeroso de la vida, ni ese personaje arrogante y omnipotente en el que la cocaína lo había convertido.

INYECTARSE

(En memoria)

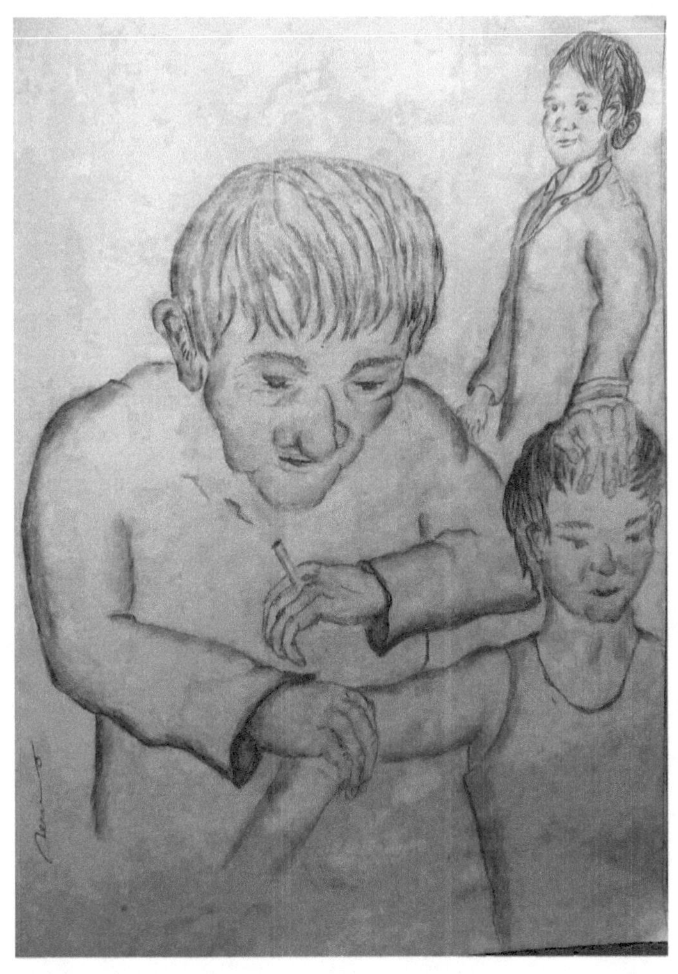

Hubo una época en la ciudad de Córdoba, en que era común atender adictos a cocaína cuya vía de administración era inyectarse en vena. En su jerga, hablaban de *picarse* para referirse al acto de inyectarse. Se los reconocía fácilmente por la estética que dejaba en sus brazos este ritual tan común entre consumidores de esta sustancia de comienzos de los noventa.

Los brazos aparecían lastimados en los caminitos que trazaban sus venas, estaban ampollados, ulcerosos. Brazos flacos, inoculados, que funcionaban casi como una carta de presentación cuando se animaban a mostrarse con mangas cortas. En caso contrario, los consumidores los ocultaban al resguardo de camisas con sus puños prendidos, con pulóveres, buzos, o con cualquier prenda con capacidad de cubrir desde el cuello hasta las muñecas. Esta modalidad de consumo en general iba acompañada de un necesario kit. Por ejemplo, un pañuelito colorido tipo hippie en el cuello no era solo un agregado decorativo, también constituía un accesorio comúnmente usado para hacer torniquetes en el antebrazo, de tal manera que las venas se dispusieran gorditas para el pinchazo posterior. Por otra parte, las agujas insulínicas y las jeringas no resultaban fáciles de conseguir, bien porque en la farmacia no se las querían vender, bien porque les faltaba el dinero para comprarlas, lo que traía como consecuencia el arriesgado acto de compartirlas.

Como consecuencia de esta práctica, la difusión del HIV en aquellos años fue, sin duda, una tragedia sanitaria entre los consumidores de cocaína. Luego, la cucharita como recipiente para el preparado de la solución final no solía ser un problema, aunque sí el agua con la cual se la elaboraba, porque muchas veces era agua común, de la canilla o, en el peor de los casos, de algún charco y, por eso mismo, estaba contaminada vaya a saber con qué. Aunque era una época en que la cocaína tenía una mayor pureza de la que circula actualmente, no por ello dejaba de significar un alto riesgo para el comprador, que en realidad (y como ahora) nunca tenía la certeza de la calidad del producto adquirido, sino hasta consumirlo, cuando ya era tarde para cualquier devolución por reclamo. *Virtudes* de la prohibición.

Gonzalo era un representante claro de los usuarios de cocaína por vía inyectable. Alto y delgado, solía usar vistosas remeras sin mangas coloreadas con la técnica de batik, y vaqueros bombilla con zapatillas. No le importaba mostrar sus marcas en los brazos, aunque no eran demasiadas. Él tenía menos de veinte años cuando lo conocí. Tenía una permanente mirada seria, como desconfiando de todo, y totalmente consustanciado con la cultura callejera del consumo de drogas. Seguidor fanático de la banda de rock Patricio Rey y los Redonditos de Ricota, solía vivir en casas ocupadas por sus amigos y conseguía dinero a través de sus geniales artesanías hechas con distintos tipos de alambrecitos de cobre. Siempre llevaba consigo, dentro de una gamucita, sus pinzas, martillitos y otras curiosas herramientas de mano en miniatura. En esa gamucita, también portaba su jeringa. Comenzó a *picarse* cocaína dos años antes de que nos conociéramos.

En general la idea de inyectarse genera rechazo en cualquiera de nosotros. Clavarse una aguja, por más finita que sea, pareciera no poder estar nunca ligado a una sensación de placer. Sin embargo, en los adictos a drogas por vía inyectable, el resultado de esa ecuación es diferente. Por ejemplo, he conocido a muchos trabajadores de la salud —médicos y enfermeros generalmente— que se dejan atrapar por el consumo de anestésicos opiáceos y que, en su relato, cuentan de lo atractivo y placentero que es enterrarse una aguja en la vena. Lo viven como un ritual adrenalínico, cercano a la energía del placer sexual. Ser penetrados por una aguja. Sin duda, esto se refuerza por la sensación que vendrá después, cuando la sustancia incorporada al torrente sanguíneo impacte en el sistema nervioso. En realidad es el ritual que rodea al acto mismo del consumo el que genera placer en el consumidor y no solo la droga, sino todo el contexto de la escena, el manejo de la parafernalia necesaria y la consecución de algo que se ha planeado con horas de anticipación.

A Gonzalo lo seducía todo el circuito que había que recorrer hasta quedar *puesto*: proveerse de la sustancia, el contacto con el *dealer*, esconder el papelito en el pantalón, buscar un lugar cerrado e íntimo para drogarse, preparar la jeringa, la mezcla; apretarse el brazo con su pañuelito de cuello, tirando con una mano una punta mientras con la boca sostenía la otra; y clavarse despacio la agujita luego de limpiar con su propia saliva la zona de contacto, viendo la sangre ingresar en el cuerpo de la jeringa en tanto se hunde el émbolo para que ese líquido opaco ingrese por la vena hinchada, y esperar al eterno ratito de menos de un minuto para sentir ese buscado orgasmo mental, ese *flash*, ese calor, esa aceleración del corazón, ese zumbido en los oídos, esa experimentación de poder.

Inyectarse para quedarse ahí, y no hacer otra cosa que convertirse en esa sensación extrema. Esa era la diferencia entre Gonzalo y los que esnifaban cocaína. Gonzalo quería drogarse solamente para estar drogado, para gozar de ese estado de cocaína en el cuerpo de cara a algún cielorraso. En cambio, los que esnifaban querían otra cosa, drogarse con un objetivo: tener sexo, bailar, salir a la calle, pelear, ver televisión o perseguirse mirando por la hendija de la ventana si alguien los buscaba para llevárselos, y no quedarse en ese limbo en el que, echado, quedaba Gonzalo.

También estaba el tema del riesgo. Inyectarse era exponerse a una situación extrema donde, pasase lo que pasase, se saldría dañado y golpeado. No habría manera de evitar algunas de las consecuencias y pérdidas propias de esta práctica: sobredosis, altas posibilidades de contagio de HIV o algún tipo de hepatitis, laceraciones e infecciones en los brazos. He conocido a muchos que, por *picarse*, hicieron de sus vidas, vidas muy cortas.

Gonzalo era inestable e intermitente en todos los tratamientos que inició y nunca terminó (por lo menos, hasta la última vez que lo vi). Comenzaba un proceso terapéutico en algún lugar y, al poco tiempo, lo abandonaba, tras darse a sí mismo el *alta*.

—Ya está, lo he superado —se decía—. No necesito más tratamiento.

Y al cabo de unas semanas, volvía a la espiral destructiva del consumo.

Cuando lo conocí, ya había pasado por varios intentos de rehabilitación, aunque siempre quedaba la sensación de que nunca se había esforzado demasiado. «La calle me llama» era una de sus justificaciones predilectas para explicar y explicarse sus vaivenes terapéuticos.

Eso sí, sus padres lo acompañaban en todo nuevo intento, eran incansables. Aunque, claro, todos estos esfuerzos frustrados habían hecho de ellos personas muy medidas en sus expectativas de cambio respecto a Gonzalo.

Él llegó a la consulta junto con su madre y padre. Adelia era un encanto de mujer. Muy tradicional en sus formas, con su cabello pelirrojo acomodado en un prolijo y eterno rodete, vestía trajecitos oscuros y zapatos como de monjita. El padre, que también se llamaba Gonzalo, era un hombre excesivamente formal en sus modales, más alto que su hijo, pelo blanco canoso, siempre vestido de traje, corbata al tono, y con un notable parecido físico a su hijo, que hacía que el contraste entre los dos resultara curioso a la vista, sobre todo, por la diferencia de estéticas y estilos.

Gonzalo padre era un alto jerárquico de una compañía petrolera, muy respetado en la ciudad bonaerense donde vivían, y querido en su trabajo. Hombre recto, serio, cumplidor con sus responsabilidades, y con una llamativa voz ronca como de trueno, moldeada sin dudas por un hábito que, al minuto de conocerlo, quedaba muy a la vista: fumador empedernido. A veces lo veía llegar al consultorio con un cigarrillo apagado entre sus labios, porque ya no le quedaba tiempo para empezar otro.

La familia se completaba con otro hijo más, al que nunca conocí, que vivía en La Plata y trabajaba en un banco. Se llamaba Néstor, al cual presentaban como hijo modelo y ejemplar.

—Si les hemos dado lo mismo a los dos, ¿por qué salieron tan distintos? —se preguntaban siempre.

Entre Gonzalo padre y Gonzalo hijo (al que llamaban «Gonzi», para diferenciarlo del padre, apodo que, por otra parte, al hijo no le gustaba), había una relación distante, pero a la vez de mucho cariño. Impresionaba la admiración que este hijo tenía por su padre. Lo consideraba casi un ser de otro planeta: leal a su familia, justo con sus empleados, culto, amoroso con su esposa, y cosas por el estilo. Aun así, Gonzalo hijo no estaba dispuesto a aceptar los consejos de vida que continuamente le daba su papá. Él quería vivir su propia experiencia, cometer sus propios errores, y así, aprender. No discutía nunca con su padre, simplemente no le llevaba el apunte. Por su parte, el padre me confesaba en las sesiones que, más de una vez mantuvimos a solas, que vivía su paternidad como un gran fracaso y con mucha impotencia. Cuando hablaba de este hijo, llegaba un punto donde se quebraba hasta las lágrimas, buscando en qué se había equivocado y cómo podía reparar esos errores cometidos.

Sin dudas que una de sus carencias más evidentes era su imposibilidad para demostrar cariño y cercanía con sus hijos: la suya era una relación *respetuosa,* aunque distante, ahí llegaba la capacidad demostrativa de este padre. Pero de abrazar o acariciar, sabía poco y nada. La historia de su relación con su agresivo padre me explicaba esto con claridad. Hay heridas familiares que tardan generaciones en cicatrizar.

Un día Gonzalo hijo desapareció del mapa, y no se supo nada de él. Todos temíamos lo peor. Se lo buscó por los lugares probables en donde podía estar, al no encontrarlo, sus padres decidieron dar aviso a la policía. Aproximadamente al mes, el padre me llamó por teléfono y, con su inconfundible voz ronca, me contó que Gonzi se había ido a Santiago del Estero con un grupo de gente que ellos no conocían y que, en apariencia, una noche, como consecuencia de inyectarse de más, había sufrido una sobredosis límite que lo terminó llevando a un hospital. Desde allí, cuando superó su intoxicación, los llamó asustado.

—Ahora —me contó—, está internado por su propia elección en una institución religiosa, veremos qué pasa.

Durante casi un año, no supe nada más de él hasta que, de casualidad, un día hablando con un colega que trabajaba en Buenos Aires me comentó que, hacía unos meses, Gonzalo había estado en tratamiento con él, pero que había abandonado otra vez la terapia producto de una de sus recaídas. La historia de siempre. A esta altura, se deducía que la de Gonzalo era de esas historias de los adictos crónicos, recurrentes que, en general, terminan muy mal.

En junio de 2015 fui invitado a Buenos Aires para dictar

una conferencia sobre distintas experiencias de la estrategia «Escuela de padres». La organizaba una universidad bonaerense que emprendía un programa de trabajo titulado «Fortalecimiento familiar». Cuando terminé mi exposición y se cerró la mesa de debate, ocurrió lo que suele suceder. Un grupo de personas más interesadas que el resto se acercó para plantear más preguntas, pedir datos de contacto o compartir alguna inquietud.

Cuando estaba en ese menester, vi a una mujer que me saludó y quedó en actitud de esperar a que terminase de conversar con las personas que estaban a mi alrededor. Me resultaba un rostro conocido, era Adelia. Al final, nos acercamos y nos saludamos con un abrazo.

—¡Qué lindo verte! —le dije.

—Yo también, Juan Carlos. Pasaron muchos años, y mirá dónde te vengo a encontrar. Un poco a raíz de todo lo que me pasó, estoy capacitándome como voluntaria para trabajar como coordinadora en algún grupo de la Escuela de Padres que propone esta universidad a la comunidad.

Nos pusimos al tanto acerca de distintos temas luego de mucho tiempo sin vernos, y entonces le pregunté:

—Y contame, ¿cómo está tu familia?, ¿qué es de la vida de Gonzalo?

Entonces Adelia me tomó de un brazo y con tono pausado y tranquilo dijo:

—Gonzalo falleció hace ya casi cinco años.

Yo hice una pausa en la conversación procesando lo escuchado, pero sin sorprenderme demasiado. Tenía claro que había sido un joven con una práctica de mucho riesgo en cuanto a su modalidad de consumir drogas y, por otro lado, lo recordaba como a alguien incapaz de sostener un tratamiento a largo plazo como el que necesitaba. Además, el tono con que Adelia me hablaba demostraba que ya había elaborado ese hecho doloroso. Aunque obviamente, la muerte de un hijo es algo que nunca termina de cicatrizar del todo.

—Mirá vos, Adelia. No sabía nada. En realidad, hace años que no sé nada de él, desde la última vez que abandonó el tratamiento. Pero bueno, era sabido que Gonzalo se exponía a mucho riesgo y que le costaba sostener cualquier tratamiento.

Mientras le decía todo esto, Adelia hizo una sonrisa casi imperceptible que me desorientó y, volviéndome a tomar de un brazo con su estilo pausado, me explicó:

—Ah, no, Juan Carlos. No me refiero a Gonzi. Él está muy bien, sabés: hace como unos diez años, conoció en las sierras de Córdoba a un grupo que practicaba el budismo, y no sabés lo bien que le hizo. Se comprometió muy fuerte con todo eso, y su vida dio un giro de ciento ochenta grados: se alejó de las drogas, comenzó a leer libros de esa religión, a reunirse con nueva gente y a trabajar. Hoy está muy bien. Es más, se puso en pareja y tuvo un hijo hermoso. ¡Soy abuela! El que falleció fue Gonzalo mi marido, fue en el 2010. Un año antes, le habían diagnosticado un cáncer de garganta, farín-geo, y fue fulminante. Te acordarás de cómo fumaba Gonzalo. Y la verdad es que ni él ni yo fuimos conscientes de que podía terminar así. Nosotros tan atentos a la cocaína del Gonzi, y al final, nos llevó puestos el tabaco de Gonzalo. Sufrió mucho el último tiempo. Y no sabés cómo lo lloramos.

El padre de Noemí, que se llamaba Ernesto, era un hombre humilde, sumamente educado y culto, ávido lector de todo lo que le llegaba a la mano. Vendía seguros y tenía la apariencia de esos tipos de la década del cincuenta: vestía con colores opacos y con ropa antigua, en apariencia, un talle más grande que su medida. Pulcro en extremo, cabello corto bien peinado y con zapatos viejos de lustre brilloso, usaba esas viejas colonias que perfumaban el ambiente donde estaba.

A la consulta se presentaba puntual y se ofendía mucho cuando su hija Noemí llegaba tarde a la entrevista lo que, por otra parte, pasaba casi siempre. La mujer de Ernesto, Yolanda, era costurera y, al igual que él, le apasionaban las lecturas y las reflexiones profundas sobre cualquier tema. Tenía una curiosidad notable por saber cómo funciona el «alma humana» —decía— y buscando más allá de las explicaciones superficiales con las que se suele conformar la mayoría de la gente.

Cada vez que podía, y de manera informal, me preguntaba sobre temas de psicología.

—Es una carrera que mas de una vez intenté cursar. Soy una psicóloga frustrada —repetía con una leve sonrisa y en voz bajita.

Yolanda y Ernesto tenían una edad difícil de calcular, pero que debe haber andado por los sesenta largos cada uno. Eran gente buena, de barrio, sufridos y luchadores.

Su hija Noemí, de treinta y cinco años, había comenzado a consumir drogas desde la adolescencia. El tabaco, el alcohol, los psicofármacos, la marihuana, la cocaína y el LSD eran parte de su desordenada vida.

Dejó la escuela en segundo año del secundario y lo relataba así:

—Un día iba al colegio caminando y, aburrida como siempre, tenía trece años. Al llegar a la puerta, simplemente no quise entrar y, pegando media vuelta, me volví a casa. Cuando se lo dije a mis viejos, intentaron convencerme, pero yo estaba decidida: nunca más volvería a la escuela.

Tenía solo trece años, y como me confesó después, ese incidente significó para ella un gran descubrimiento, un antes y un después. Le permitió descubrir que le podía poner ciertas reglas a su vida:

—Me di cuenta de que estaba buenísimo *hacer lo que yo quisiera*.

Con el paso de los años, su «hacer lo que yo quisiera» la involucró con gente de vida arriesgada y transgresora. Se fue vinculando con otros que consumían drogas y también, con quienes las traficaban. Desaparecía de su casa semanas enteras para estar en lugares relacionados con la marginalidad y el delito, y luego volvía al hogar como si nada. Se prostituyó, robó, vendió drogas, estuvo detenida en comisarías, integró barras bravas. Se sabía posicionar bien, como *la chica del jefe de la banda*.

Sin embargo, nunca abandonó del todo la casa de sus padres. Los primeros años ellos se desesperaban e iban a buscarla en antros muy peligrosos, haciendo todo lo que estuviera a su alcance para *rescatarla*. Pero cuando creían que lo conseguían, sucedía que, tras no más de un par de meses de *andar bien*, Noemí reincidía en aquellas costumbres.

Sus padres, Ernesto y Yolanda, fueron una pareja *acordeón*: tenían una relación que iba y venía, se separaban y volvían a estar juntos. Entre ellos no había violencia ni maltrato, y es muy probable que tampoco hubiera amor. Se sentían profundamente culpables de las elecciones de Noemí y, con intrincados argumentos, buscaban las razones para explicarse el consumo de drogas y el porqué del estilo de vida *descarriado* que su hija había elegido.

En la primera entrevista que tuvimos, mostraron con claridad ese estilo hiperreflexivo y discursivo que los caracterizaba.

Yolanda acusaba a Ernesto de sus reiterados abandonos de la casa. Para ella, eso había privado a Noemí de una imagen paterna continua que le hubiera dado seguridad, y así se explicaba que, por eso, su hija buscaba en las drogas una forma de escape al dolor que le había generado la ausencia del padre. Ernesto la escuchaba atento y le decía en tono de profunda reflexión, con las manos entre las piernas y algo inclinado hacia adelante: «Puede ser».

Si un desconocido hubiese entrado al consultorio en momentos como ese, sin dudas, habría pensado que la psicóloga de la sesión era Yolanda.

Pero, al instante, Ernesto desplegaba sus teorías. Decía que, para él, Noemí había sido una sobreprotegida por los cuidados de la madre y que, por eso, nunca funcionaron los límites que él trataba de imponer.

—Tu sobreprotección afectiva —le decía a Yolanda— me impidió ser un padre con presencia. Fuiste un obstáculo para que me relacionara con mi hija. Siempre estabas ahí, como supervisándome.

Yolanda entonces agitaba levemente la cabeza y levantaba las cejas con un gesto también del tipo: *Puede ser.*

Yolanda entonces volvía a la carga con otra explicación. En esta versión, Noemí se drogaba porque, en realidad, era una chica de poco carácter, y muy influenciada por el entorno.

—Las continuas separaciones de pareja —explicaba— contribuyeron a generar en la nena una personalidad lábil y precaria, en donde las drogas encajaban bien, porque le permitían vincularse con gente que le devolvía una falsa seguridad.

Hablaba así, con términos sacados vaya a saber de qué libro.

Ernesto entonces, ingresaba en otro razonamiento. Contaba que había leído que las adicciones son, en gran parte, de carácter hereditario y que, como todos saben, el padre de su mujer Yolanda había sido un alcohólico crónico no asumido que, encima, había muerto de cirrosis. Y buscando mi aprobación, me miraba y decía:

—¿No es cierto, licenciado, que puede ser por eso que Noemí se drogue?

Durante esas primeras sesiones, tuve la sensación de estar frente a un duelo de payadores. Uno al otro se daban tortuosas explicaciones psicológicas, sociales, médicas, filosóficas, astrológicas de por qué Noemí se drogaba. Un día le escuché a Yolanda una explicación zodiacal. Nos explicaba, a Ernesto y a mí, que había investigado que el signo de Cáncer, que era el de Noemí, era el más inestable emocionalmente, lo cual justificaba los desequilibrios que caracterizaban a su hija.

—Como todos los de este signo —decía—, Noemí encapsula sus sentimientos hasta que se le vuelven inmanejables. Las drogas —remataba— deben haber sido intentos de la nena para lograr algún equilibrio emocional.

Me sorprendían estos padres. Necesitaban imperiosamente explicarse y justificar el consumo de drogas en su hija, pero había una línea de razonamiento común: siempre esas explicaciones ponían la responsabilidad fuera de su hija.

La manera de razonar de los padres era funcional al consumo de drogas en Noemí, porque le quitaban toda la responsabilidad sobre sus elecciones. La trataban como a una enfermita. Uno escuchaba a los padres, y *todo* en la hija se justificaba por lo que su mamá y papá habían hecho o dejado de hacer, o por cuestiones vinculares o por la posición de las estrellas. Ella,

Noemí, no tenía que responder por nada de lo que elegía.

Eran padres reflexivos, y no prácticos que, más que educar a su hija, la interpretaron. Así, se habían convertido en sus psicólogos tiempo completo.

Para la tercera entrevista a la que, al fin, asistió Noemí, planifiqué lo obvio. Les planteé a los padres lo siguiente:

—¿Qué les parece si, en vez de buscar tantas hipótesis sobre este tema, no son más directos y le preguntan abiertamente a ella por qué se droga? A lo mejor, aprendemos algo. Nos da una pista.

Ante esta invitación, me preguntaron:

—Y, ¿podemos hacer eso nosotros? ¿No debería hacerlo mejor un profesional como usted?

Ambos creían que una pregunta directa podía ofender a su hija o que podía conectarla con un pasado doloroso. Temían provocar en ella reacciones que luego ellos no pudiesen manejar.

Lo que quedaba claro es que, a estos padres, les resultaba más fácil hablar DE su hija que hablar CON su hija.

Ya estaban los tres en sesión, y yo buscaba crear un clima lo más favorable posible para que los padres pudieran plantear la pregunta pendiente. Noemí se mostró predispuesta; sin embargo, a sus padres, les costaba mucho ir al punto, daban continuos rodeos, hasta que se instalaron nuevamente en esto de asumir sus errores parentales que, para ellos, posibilitaron que la *nena* consumiera drogas. Mientras sus padres hablaban de Noemí, ella me miró con picardía y dijo:

—Les encanta hablar de mí.

Como la entrevista avanzaba y la pregunta no aparecía, invité a los padres a que movieran sus sillas y se ubicaran frente a su hija, y entonces les planteé:

—Yo sé que ustedes tienen una pregunta pendiente con Noemí. ¿Por qué no se la hacen ahora?

Tras un breve silencio, la mamá se frotó las manos, miró

a su hija y dijo:

—Hija, hace años que, con tu padre, nos venimos preguntando por qué te drogás. Si te dimos todo, si hemos sido un buen ejemplo para vos: trabajadores, honestos, sanos. Sé que hemos cometido errores, pero ¿tantos? ¿Por qué te drogás?, ¿en qué nos hemos equivocado?

Noemí la miró sorprendida y respondió como quien dice la mayor de las obviedades:

—Mamá, no es por ustedes. ¿Por qué pensás eso? ¿Por qué siempre buscando culpables? Es mucho más simple, mamá: me drogo porque me gusta. Me encantan las drogas y me encanta hacer lo que me gusta, ¿sabés? Lo aprendí de chiquita.

Los padres quedaron desubicados, no esperaban una respuesta tan primitiva y sencilla. Esperaban razones escondidas en la historia familiar, algún secreto que desentrañar, un mensaje más críptico, una explicación complicada. Pero la respuesta resultó sencilla y perfecta.

—Pero ¿solamente porque te gusta? —pronunció el padre.

—Sí, papá, porque me gusta—cerró Noemí con una sonrisita.

No estamos tan solos

Él caminaba drogado por una calle céntrica sin tener conciencia de a lo que se exponía, desafiando el destino y llevando consigo una cantidad importante de cocaína. Un incidente menor hizo que interviniera la policía y, al ser descubierto, fue enviado a la alcaldía de Tribunales Federales, y se le inició un proceso judicial.

Como la cantidad de droga que le habían encontrado era significativa, no tardó en pasar a la cárcel, sospechoso de ser un vendedor o de integrar una red de narcotraficantes, lo que implicaba la posibilidad de una condena importante.

De su causa se hizo cargo una jueza muy firme pero, a la vez, sensible que, cuando pudo escucharlo, entendió que no estaba frente a un avezado delincuente, sino ante un joven adicto a drogas, sin familia, y que pedía ayuda para recuperarse. En base a esto, la jueza tomó la decisión de derivar a Gustavo a la comunidad terapéutica en donde yo trabajaba, para que iniciase un proceso de rehabilitación.

Así conocí a este joven sanjuanino de veinticuatro años, que había abandonado la carrera de Ciencias Económicas y que trabajaba en la noche cordobesa como barman. Gustavo llevaba una vida errante, vivía solo en una pensión y cambiaba de trabajo con frecuencia. Su consumo de cocaína lo llevaba a desarreglos de horarios, de estados de ánimo, de manejo del dinero, y a más desarreglos que lo convirtieron en una persona inestable en todo lo que emprendía. Sin embargo, al apenas conocerlo, no me dio la impresión de que hubiera estado involucrado en la venta de drogas o en asuntos del estilo.

A los quince días de estar internado en la comunidad terapéutica, llegó un oficio judicial de la fiscal de la causa, con una contraorden que cambiaba el sentido de las cosas: ante la sorpresa de todos, se informaba que Gustavo sería retirado de la internación en los próximos días para que reingresase en la cárcel. Y así ocurrió. Desde un móvil policial, lo buscaron y se lo llevaron de regreso a la prisión. Sus compañeros de tratamiento y todos los del equipo terapéutico lo despedimos con un nudo en la panza.

Me reuní entonces en una audiencia con la jueza, para entender qué estaba sucediendo. Ella me explicó que el problema consistía en que, por la cantidad de cocaína que había llevado Gustavo, se generó entre ella y la fiscal a cargo una división de opiniones. Para la fiscal, mujer con fama de dura e inflexible, Gustavo debía ser considerado un vendedor de drogas, más que un consumidor.

—Aunque a mí —me dijo—, me pareció más bien un joven con problemas de adicción que necesita una oportunidad. —Y agregó entonces, en un tono de confidencialidad—: Deberías convencer a la fiscal.

Por suerte, esa misma mañana, la fiscal me recibió en su despacho y, por supuesto, me explicó lo que yo ya sabía: para ella Gustavo era seguramente un comercializador de drogas y, por lo tanto, debía ir a prisión para esperar el juicio, sin tener el beneficio de la internación en un lugar del cual, además, podía escaparse con facilidad.

El panorama no pintaba bueno para Gustavo. Entonces le propuse a esta fiscal que visitara la comunidad terapéutica, para que pudiera conversar con jóvenes como él, que estaban en tratamiento de rehabilitación.

—Eso —le dije— podría ayudarla a tomar una mejor decisión en un tema profundamente complejo.

Por fortuna, aceptó.

Dos días después, la jueza, su secretaria y la fiscal llegaron a la comunidad que teníamos en las sierras de Córdoba, donde había veinticinco residentes en tratamiento. Mantuvieron una larga reunión con todos los jóvenes presentes, quienes les compartieron sus historias de vida en el mundo del consumo de drogas, sus intenciones y dificultades para cambiar, y les ofrecieron descripciones detalladas acerca de qué se hacía en un lugar como ese. Sin duda, las historias conmovieron a estas mujeres.

Nunca supe bien qué fue de todo lo que la fiscal escuchó, lo que más la impactó, pero lo concreto es que, a los pocos días, nos llegó la buena noticia de que había decidido que Gustavo regresara a la comunidad para retomar su tratamiento. Eso sí, quincenalmente, debíamos pasarle a ella detallados informes sobre la evolución terapéutica de él. A esta altura, contentos todos.

Pero, al poco tiempo de iniciado otra vez el tratamiento de Gustavo, nos encontramos con un nuevo y creciente problema: él estaba solo, no tenía ningún tipo de acompañamiento familiar.

Todos los otros residentes o pacientes contaban con, por lo menos, algún miembro de la familia o con amigos, o incluso, con compañeros de trabajo que los acompañaban en el camino de la recuperación y que participaban en una serie de reuniones y de actividades que servían como apoyo para cada uno de los pacientes. Eso hacía que ninguno atravesara su tratamiento en soledad.

Pero Gustavo era la excepción. Nunca conoció a su padre, y su madre se había mudado a otro país, por lo que había cortado cualquier contacto con él. Tampoco tenía hermanos, ni tíos ni primos y, si podía mencionar a algunos amigos, ellos también consumían como él o vendían drogas. Toda esta situación pesaba de manera negativa en su tratamiento. Cuando sus compañeros planificaban cómo iban a aprovechar la próxima entrevista familiar, o cuando recibían visitas de madres, hermanos, tíos o primos, Gustavo miraba de lejos, se comparaba con ellos y se deprimía o se enojaba con su historia.

Esto alimentaba en él un profundo sentimiento de frustración y vergüenza, porque su conclusión era que la sociedad lo había abandonado. Además, esto también impactaba en su proceso terapéutico, porque, ¿cómo organizaría sus futuras salidas de fines de semana?, ¿quiénes serían sus *puntos de apoyo* que lo acompañarían en su recuperación?, ¿cómo haría para superar esa angustia que sentía cuando todos recibían visitas, menos él?

Todo esto conspiraba contra un buen pronóstico de su evolución, y la soledad de Gustavo se fue transformando en él en un problema cada vez mayor. A los dos meses de estar internado, la fiscal me llamó y pidió verme. Le había llegado en el último informe una descripción del proceso de Gustavo, donde se informaban las dificultades que mencioné.

Llegué a la reunión convencido de que esta mujer no estaría ahora dispuesta a seguir apoyando el tratamiento, debido a lo que expresaban los informes técnicos. Pero esa era la verdad: podíamos apoyarlo, pero no podíamos inventarle una familia.

En efecto, la fiscal me dijo que, habiendo leído los informes técnicos, se había dado cuenta de que era riesgoso continuar así.

—Comparado con los otros pacientes que conocí en mi visita, lo veo muy solo —me dijo—. Y eso no parece lo mejor porque, según entiendo, el apoyo familiar es clave —agregó.

Supuse entonces que todo volvía a foja cero, cuando me sorprendió con una pregunta:

—Y yo, ¿puedo ser la familia de Gustavo, Juan Carlos? ¿Lo podría acompañar como si fuese un familiar en su tratamiento?

Increíblemente para mí, esta fiscal tan respetada y temida por Gustavo, me pidió permiso para ir a las reuniones de padres y madres, para participar de las entrevistas familiares y hacer todo lo que una madre hace por un hijo en rehabilitación. Conmovido por el pedido, le dije que sí, que por supuesto. Y allí estuvo presente, oficiando en adelante no solo como fiscal, sino como madre postiza, y lo hizo de una manera excelente.

Cuando Gustavo comenzó con sus salidas de fin de semana, iba a la casa de esta mujer y sus hijos, los cuales también ante mi sorpresa lo alojaron como a un hermano más. Construyeron una relación que, según tengo entendido, dura hasta el día de hoy.

Con este apoyo y con todo su esfuerzo, Gustavo salió adelante. Terminó su tratamiento y retomó sus estudios. Con el tiempo, comenzó a trabajar, llegó a ser gerente de una importante empresa.

Siempre me emociona esta historia, porque me refuerza la visión de la capacidad curativa que tiene la familia. Pero sobre todo porque aprendí que, en realidad, *familia* no es solo quien lleva mi misma sangre, sino aquel que se pone a mi lado, codo a codo, para ayudarme a levantarme cuando he caído.

PAVO CON ESTILO

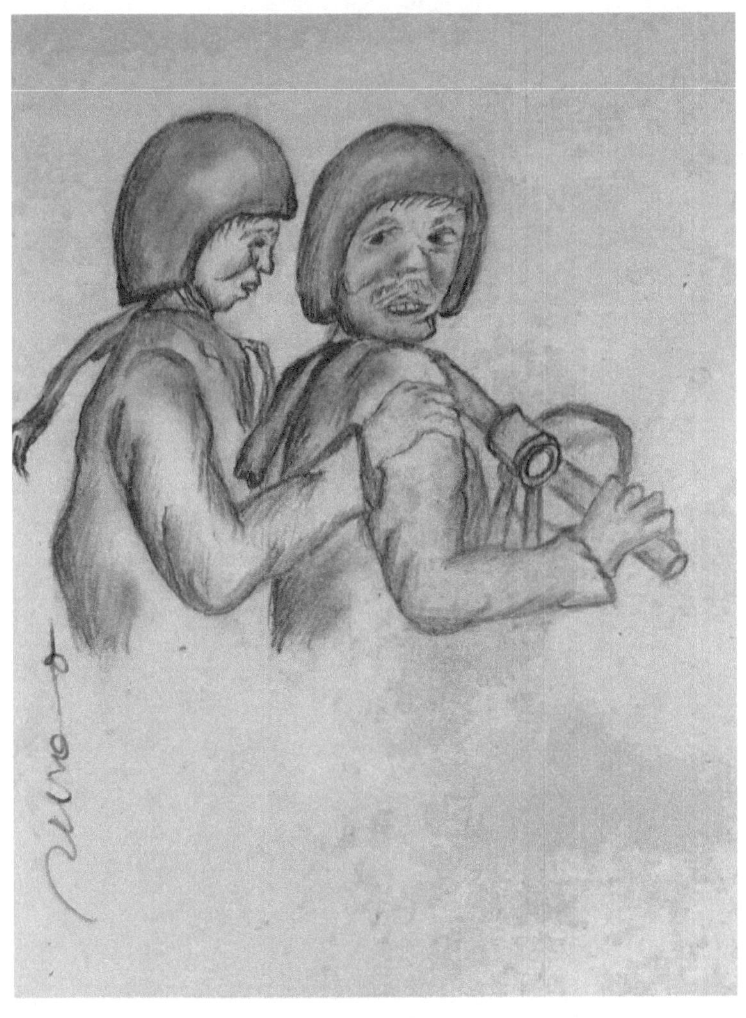

Nos llega en la vida, alrededor de los cuarenta años, una época en que algo dormido se activa dentro de nosotros y retrocedemos a la adolescencia, *inmadurando* de golpe.

Se conoce a este momento como «crisis de los cuarenta» o de la «mediana edad». Para decirlo de una manera clara, muchos nos volvemos algo estúpidos en esta especie de «segunda edad del pavo» la cual, aunque se parece, es en verdad distinta de la primera versión adolescente.

En la edad del pavo adolescente, básicamente nos volvemos torpes, nos crecen los brazos y no sabemos cómo acomodarlos, se nos caen las cosas de las manos o tiramos con más facilidad el vaso sobre la mesa. El cuerpo nos parece de otro.

De repente, las piernas se vuelven finitas y largas, y comenzamos a caminar como si flotáramos. Las distintas afinaciones de la voz nos hacen pasar el ridículo más de una vez cuando, por ejemplo, comenzamos una frase en tono grave y la terminamos en un agudo finito.

Hacemos chistes de sexo todo el tiempo y nos enamoramos cada cinco minutos. «Miralo al pavo» es una frase que comenzamos a escuchar con frecuencia en torno a los quince años, frase que se refiere a nosotros mismos.

A diferencia de la primera, la segunda edad del pavo, la de los cuarenta años, nos encuentra con experiencia y, por lo tanto, nos halla mucho más elegantes, estéticos y prolijos. De alguna manera, nos transforma en algo así como *pavos con estilo*.

Por ejemplo, los hombres nos encaprichamos con comprarnos una moto de alta cilindrada o comenzamos a planificar seriamente con volver a las pistas de baile. El tamaño de la panza comienza a ser una preocupación casi religiosa y, por primera vez, le prestamos atención a la flacidez de la piel.

El pasarnos un peine que, hasta entonces, era una actividad inofensiva, se convierte en un desafío aritmético. Siempre nos preguntamos cuántos pelos menos tendremos desde la última vez que nos peinamos. ¡Cuántos de ellos se habrán quedado en el peine!

A los cuarenta, la mujer también cambia. Por ejemplo, comienza a despertarse su interés por una nueva rama del conocimiento: la cirugía estética.

Nace una curiosidad por el precio de los implantes mamarios, por cómo funciona el bótox o por el tema de qué es eso de los hilitos para parar la cola. Redescubren el yoga, incursionan en pilates, y aparece el sueño de viajar con amigas.

Tanto la edad del pavo adolescente como la del pavo adulto se caracterizan por un impulso típico: la tendencia a centrarnos en nosotros mismos. Nos volvemos más sensibles al YO que al NOSOTROS. Disfrutamos más de cuidarnos a nosotros que de cuidar a otros. Nos enamoramos de nosotros mismos.

El problema añadido a lo que digo es que, en algunas familias, la edad del pavo del hijo adolescente coincide con la edad del pavo del padre o madre adulto.

Es una cuestión de probabilidades porque, en nuestra cultura, es más que posible que hijos de quince años tengan padres de cuarenta. Que es justamente lo que sucedió en esto que les paso a contar.

Joaquín era uno de esos típicos adolescentes que crecieron de golpe, llegó a ser bien alto en tiempo récord. Granitos en la cara, enamoradizo, curioso, inquieto, descubrió tempranamente que le gustaba, y mucho, salir a bailar y pasar tiempo con amigos fuera de su casa.

Comenzó a hacerse la rabona, de manera recurrente, y sus notas empezaron a bajar en forma notable. Al comienzo su mamá, Julia, creyó que esto era solo una parte de una crisis normal adolescente. Sin embargo, un día, gracias a que se dio cuenta de que Joaquín había falsificado su firma, para evitar mostrarle a ella varios aplazos y faltas a la escuela, Julia reconoció que el problema era mucho más grave de lo que pensaba.

Intentaba acercarse a Joaquín, pero él la evitaba. Cuando estaba en casa, su hijo no salía de su habitación y, cuando estaba sentado a la mesa, nunca contaba nada. Cuando iba a la casa de nuevos amigos que había hecho, volvía recién al otro día, o dos días después, sin avisar nada, por lo que dejaba a su mamá con el corazón en la boca.

Julia comenzó a desesperarse. No sabía si decírselo o no al papá de Joaquín, por varias razones. La primera era porque, entre ellos dos, el diálogo estaba muy cortado: habían perdido la costumbre de sostener una mínima conversación; y la segunda razón residía en que Eduardo, el papá de Joaquín, era una persona muy rígida, de pocas palabras y exigente —por lo menos, así me lo describía Joaquín—. La madre no le contaba la situación, debido al clásico miedo de obtener como respuesta la recriminación de ser una *mala madre*.

Un día, Julia recibió un llamado telefónico de una de sus sobrinas:

—Tengo algo para contarte —le dijo—, pero quiero que me prometas que no vas a decirle a Joaquín que yo te lo dije.

Julia se quedó dura de miedo y escuchó lo que, de alguna manera, sospechaba:

—Joaquín se droga. Joaquín no está bien. Tenés que ayudarlo.

Paralizada y sin saber qué hacer, empezó a sentir miedo, culpa, más miedo, vergüenza y mucha desorientación. Y lo peor de todo: sentía que estaba con un extraño en la casa.

Conocí entonces a Julia en mi consultorio. La recuerdo asustada, desconfiada, insegura, apurada en resolver el embrollo en que estaba metida. Hice lo que uno suele hacer en estos casos: desdramatizar la situación, valorar este gigante primer paso que había dado al decidirse a pedir ayuda y alentarla a que viniera acompañada por Joaquín en una próxima entrevista.

Luego de algunas sesiones, Julia logró venir con Joaquín. Encontré a un adolescente tímido, pero necesitado de hablar y que comenzó a contarme su historia de a poco. En realidad, Joaquín no era un *adicto*, pero sí un consumidor en riesgo que había encontrado en la marihuana y en el abuso de alcohol momentos divertidos, de exaltación y de resguardo.

Por fortuna, en las primeras entrevistas, él reconoció que fumar marihuana a su edad tenía una parte oscura que le generaba problemas. Le dificultaba concentrarse para estudiar y lo alejaba de cosas que, para él, seguían siendo valiosas, como sus amigos de siempre, el deporte (era un buen jugador de básquet) y, sobre todo, se daba cuenta de que dañaba la relación con su madre, a quien amaba mucho.

Así, llegamos a un punto complicado para Joaquín: su padre. Si bien ambos se veían semanalmente, Joaquín no había querido decirle que venía a terapia, ni mucho menos, que estaba tratando un problema relacionado con su consumo abusivo de alcohol y marihuana.

Un día le propuse que, en una próxima sesión, viniera acompañado de su papá.

—Nooo —me dijo—, si ni sabe que vengo aquí.

—¿Y por qué no se lo decís? —le propuse.

—Porque él no cree en los psicólogos —me respondió.

La imagen que Joaquín tenía de su padre era la de alguien rígido, exigente y que, si bien no era agresivo físicamente, le generaba temor de que pudiera retarlo o mostrarle enojo. Pero, a la vez, también sentía profundamente que necesitaba de su papá. Poder hablar con él, contarle lo que le pasaba, recibir algún consejo, escucharle una historia.

Por eso, en una sesión, Joaquín asumió el desafío de decirle a su padre, la próxima vez que lo viera, que él estaba haciendo terapia y que todo había comenzado porque su mamá se había enterado de su consumo de marihuana y de varias borracheras.

En la próxima sesión, comenzó a hablarme de otros temas, sin dudas importantes, pero no me decía nada del papá. Yo esperé, hasta que, casi terminado el encuentro, le pregunté y me respondió que no se había animado a cumplir con la misión. Había estado con su papá en una salida juntos, pero cuando quiso hablar del tema sintió un escalofrío y no supo qué decir. Le expliqué que lo que él quería hacer no era fácil, pero que había valido la intención. Y lo alenté a seguir en el intento.

En la siguiente sesión, Joaquín se sentó frente a mí y, antes de que yo preguntara nada, me dijo sorprendido:

—¡No sabés lo que me pasó!

—¿Pudiste hablar con tu papá? —le pregunté.

Y Joaquín me respondió simplemente:

—Sí.

Pero era un *sí* extraño, dicho en tono de desilusión.

—Y ¿qué te dijo? ¿Cómo reaccionó?

—Y mirá, no sé qué decirte. Fuimos a un partido de básquet en las sierras. Yo tenía que jugar y le pedí que me acompañase. Me pasó a buscar puntualmente en una moto grande que se compró hace poco. Entonces, fuimos, yo jugué y, cuando estábamos por subirnos a la moto para volver, aproveché y le conté:

—Papá, creo que no sabés, pero estoy yendo a un psicólogo.

—Eh —me dijo—, ¡qué bien! Y ¿por qué?

Entonces, sin pensarlo, le dije:

—Es que mamá se enteró de que estaba fumando marihuana.

Y me quedé mirándolo, a ver qué me decía. Ahí hizo silencio, y me asusté. Pero después me dijo:

—¿Comprabas marihuana?

—Sí —contesté.

Y entonces me preguntó:

—¿Y no sabés dónde se puede conseguir éxtasis?

Perdiendo el control

Fernanda se levanta por la mañana a las 7.30, prepara su capuchino con alguna tostada y realiza una breve práctica de yoga en su coqueto departamento del barrio Nueva Córdoba. Se ducha y elige qué ponerse, escogiendo algo distnto de su enorme guardarropa cada día. Por último, se calza elegantes zapatos con tacos altos y finos, baja a la cochera y emprende viaje hacia el shopping donde trabaja.

Es la encargada de una boutique de renombre, dirige un equipo de casi diez personas, entre vendedores y administrativos que, en estos últimos meses, la han notado distinta: cansada, nerviosa y distraída.

Fernanda tiene una hermana que se llama Ana, con la cual guarda una excelente relación. Ambas son amantes de las fiestas electrónicas. Conocen el código de estas fiestas eternas, donde suelen consumir éxtasis con relativa frecuencia. Les gusta la noche, el glamur, y el ritual de bailar sin parar durante horas.

El sábado Ana fue al departamento de Fernanda. Le dijo que está preocupada por ella, porque la ve desorganizada y descuidada, justamente a ella, que siempre hizo un culto de su imagen. Fernanda le cuenta entonces que, desde hace un año, viene aumentando el consumo de éxtasis en sus salidas y que siente que está perdiendo el control. Le confiesa entonces que le preocupa perder su trabajo y que está deprimida en sus días rutinarios, sin ganas de nada, solo desea volver a su departamento o, en todo caso, esperar al jueves para iniciar de nuevo esas salidas a bailar acompañadas de éxtasis. Le pide ayuda.

Ana consigue mi número de teléfono, me llama, y quedamos en vernos esa semana los tres.

Fernanda espera impaciente la hora de salida del trabajo, ya no quiere estar ahí. En verdad, siente que no quiere estar en ningún lado. Se incomoda con la idea de que las demás empleadas hablen a espaldas de ella. Ordena todo, controla la caja, se va al encuentro de Ana, y juntas vienen a la sesión.

Ambas son honestas en la conversación, hablan de sus padres, que viven en las afueras de Rosario, casi en un medio rural. De cuánto los quieren, y de los mundos tan distintos que habitan. Relatan los inicios en las fiestas, cómo conocieron la marihuana, el éxtasis, el popper, y la ketamina, y cómo hace más o menos un año, comenzaron a separarse sus caminos.

Ana le dice a Fernanda:

—Desde que rompiste con Horacio, comenzaste a cambiar, flaca: te aislaste, y dejamos de vernos como antes. Es como que no lo superaste. No sé, me parece que eso marcó un antes y un después en vos. Además, qué querés que te diga, me parece que estás consumiendo demasiado seguido últimamente, como que no respetás ese mes de intervalo entre toma y toma del que hablamos tantas veces, y vos sabés que eso no está bueno con las pastis.

Si bien Fernanda acepta que esa ruptura la afectó y mucho, le explica que su mayor consumo de éxtasis comenzó después de todo eso, debido a otra razón, que no especifica.

En realidad, el consumo problemático de drogas nunca se atribuye a un solo incidente, sino a una serie de factores, a un abanico de causas. Y la psicoterapia constituye una buena herramienta para atar los nudos sueltos de las historias personales, al dar sentido a cómo sucedieron las cosas. Construir ese sentido es sanador.

Les explico también que esto del bajón que está sintiendo Fernanda no es un tema menor. El posconsumo de éxtasis tiene esas características siempre, porque es como si el sistema nervioso quedase agotado después del impacto de esta droga en el cerebro. Para que tomen conciencia de a qué se exponen, les hablo del llamado *Long Term Comedown*, o «Bajón a largo plazo» que, en algunos casos, aparece como un daño crónico y permanente en usuarios recurrentes de éxtasis, que no dieron a su sistema nervioso tiempo para reacomodarse después de cada toma. Me escuchan con atención.

Concluye la entrevista, agendamos el próximo encuentro, y las hermanas se van.

Los días pasan para una Fernanda que comienza su tratamiento llena de sentimientos contradictorios. Renuncia a sus salidas nocturnas y se recluye en su departamento. Cierra su puerta con siete llaves, no para que nadie entre, como solemos hacer comúnmente, sino para no salir ella: tenía que cuidar de sí misma.

Llega el jueves, y aparece un impulso a salir casi irresistible que le da miedo. Cumple al pie de la letra con esa canción: «Yendo de la cama al living». Y así va y vuelve una y mil veces, hasta que decide llamar a su hermana para conversar con alguien y superar su pensamiento obsesivo de querer salir. El teléfono se convierte en un arma de doble filo. Por un lado, la conecta con su hermana, o con algún amigo o amiga de los pocos que tiene ajenos al mundo de las drogas pero, por otro lado, es una amenaza, porque sus socios de la noche la buscan en llamados y por Whatsapp, para acordar salir a bailar y a tomar. Por eso, decide cambiar su número telefónico.

Cambia de chip.

Pasan los días, y la vuelvo a ver. Se la nota en medio de una intensa pelea interna, en la que, por ahora, gana la Fernanda que quiere recuperar el control sobre su vida. Oriento la conversación acerca de cómo comenzó su descontrol con el éxtasis, ya que en apariencia, había sabido manejarlo durante casi dos años. Es un punto ciego de su historia que me interesa conocer.

—Seguramente fue, como en la mayoría de los consumidores, un proceso paulatino, en donde no te diste cuenta de que comenzabas a tomar cada vez más —le digo. Le explico sobre esa manera creciente que tiene el ritmo del consumo de drogas, en que los usuarios van agregando poco a poco más cantidad a su consumo, y nuevas drogas también, a un ritmo pausado, de a pasitos.

Fernanda me escucha y, luego de un tiempo de silencio, me corrige:

—No fue mi caso. Yo sí me di cuenta del día en que comencé a tomar de más y supe que no iba a parar. Fue el día del regalo —me dijo, y me contó esta historia—: Una noche, hace poco más de un año, salimos con mi hermana y con nuestro grupo de amigos a bailar. Como siempre, uno de ellos llevaba éxtasis y, una vez en el boliche, tomé mi pastilla. Estuvimos hasta la madrugada y la pasamos muy bien. Como estaba muy cerca de mi departamento, cuando todos se iban, yo decido volver caminando. Entonces veo en un auto estacionado a una pareja que estaba discutiendo a los gritos. En el momento en que paso, ella abre la puerta intentando escaparse del hombre. Se tropieza y cae detrás de mí, me pareció que estaba golpeada. Al momento, el tipo sale por la otra puerta del auto y, con mucho enojo, camina hacia ella, que estaba en la vereda poniéndose de pie. Entonces yo me interpongo y le grito algo: que qué está haciendo, que pare, o algo así. El tipo entonces se detiene, la insulta, regresa al auto y se va. La chica se levanta, avergonzada, y acomoda su vestido (me pareció haberla visto antes). Con gesto agradecido, me mira sin decir nada, para un taxi que pasaba por ahí y se va también. Yo, agitada por el susto de la situación, regreso a mi departamento.

»Un par de fin de semanas después, vuelvo al mismo boliche y, mientras estaba con unos amigos, se me acerca una chica, y la reconozco. Era la de la pelea, la del auto. Como había música muy fuerte, me habla al oído y me dice: «Gracias por lo de la otra noche, pero no te vayas, tengo un regalo para vos». Yo no entendí muy bien qué me estaba queriendo decir. Al final de la noche entonces, se volvió a acercar y me pidió insistentemente que la acompañase a la cochera de enfrente. Me dio tanta curiosidad que, sin medir riesgos, dejé mi grupo y me fui con ella. Cruzamos la calle, y nos acercamos a su auto. Entonces abre el baúl y me entrega una caja de zapatos. Yo no entendía de qué se trataba todo eso. «Es por agradecimiento a lo que hiciste por mí la otra noche, no sabés de lo que me salvaste. Es tuya, cuidate, yo vuelvo al boliche». Entonces abrí la caja y no podía creer lo que veía. Toda esa caja estaba llena de pastillitas de éxtasis, acomodadas en bolsitas ziploc. Repleta. Nunca vi tanta droga junta, y era mía. Asustada, sorprendida, agitada y sin pensarlo, agarré el regalo y me fui caminando las dos cuadras que me separaban de mi departamento. Llegué, vacié la caja en la mesa ratonera, me senté en el sofá y comencé a reírme de la situación con los ojos bien abiertos y clavados en las pastillas. Me encantó lo que tenía en frente. Sentí escalofríos y hasta excitación sexual. Nunca se lo conté a nadie, ni a mi hermana. Desde ese día, perdí el control.

PRONÓSTICOS

Desde el equipo terapéutico con el que acompañábamos el proceso de Sebastián, teníamos la percepción de que las cosas no iban a terminar bien para él. Lo habíamos conocido desde su adolescencia, y ya tenía casi veinticuatro años. A veces parecía que su vida había tomado un rumbo positivo y esperanzador: conseguía un trabajo estable, se alejaba del alcohol (siempre sus recaídas comenzaban por ahí) y, en su casa, con su mujer y sus dos pequeños hijos, lograba vivir en un clima tranquilo y estable. Pero llegaba un día en que todo se complicaba. Pateaba el tablero. No volvía a dormir a su casa, o llegaba muy tarde, con aliento a bebida y, a los pocos días, perdía su trabajo, se peleaba con su mujer y se volvía a vincular con viejas amistades, y comenzaba su debacle. Era porque la cocaína había aparecido otra vez, y todo regresaba al punto cero. Este circuito se repetía cada tanto, como una especie de círculo de eterno retorno. Al poco tiempo, el mecanismo se activaba de nuevo, y Sebastián volvía a pedir ayuda profesional, gracias a la que comenzaba un proceso de recuperación y generaba expectativas alentadoras en todos quienes lo rodeaban, pero luego otra vez todo retrocedía y terminaba mal, por lo que se decepcionaba él y decepcionaba a todos.

El problema con estas recaídas recurrentes es que, cuando suceden, el *punto cero* al que se vuelve pareciera estar más atrás que el anterior, todo se va erosionando lentamente, y la perspectiva de que las cosas puedan mejorar un día se va debilitando. La desconfianza crece, los apoyos de amigos y familiares se vuelven cada vez más inestables, y los consumidores de drogas comienzan a pensar y a creer que nunca superarán su problema, porque el fantasma de la recaída siempre estará esperando en el siguiente escalón. Por otra parte, en estos casos, nosotros los profesionales también sufrimos ese síndrome del desencanto y de la frustración, lo que seguramente hace que nuestras intervenciones pierdan fuerza y convicción, y que esto a su vez, contribuya a que la repetición del fracaso del paciente se repita.

Cuando elaborábamos los informes para la obra social de Sebastián, se debía completar un formulario con ítems cerrados y definidos. El último de estos ítems se titulaba: «Pronóstico», donde había que proponer una perspectiva sobre cómo seguiría el curso de vida del paciente respecto al problema que lo había llevado a terapia. Confieso que nunca vi con simpatía ese punto pues me parecía algo arrogante eso de jugar de futurólogo amparado en un título universitario de psicología. Con el paso de los años fui confirmando mi creencia de lo poco que la psicología tiene para decir en relación con el futuro del comportamiento de cualquier paciente.

El pronóstico de Sebastián, obviamente, era algo así como «malo y empeorando con el paso del tiempo», aunque desde luego dicho en terminología más técnica. Por eso alrededor de sus veinticuatro años, decidimos no atenderlo más en la institución y derivarlo a algún otro especialista aunque, en realidad, estimábamos que muy probablemente no iría otra vez a otro lugar a pedir ayuda para empezar de nuevo. La gota que rebalsó el vaso de nuestra paciencia institucional fue cuando Sebastián trajo algunos porros ocultos entre sus ropas los que repartió entre pacientes a la salida de un grupo terapéutico. De esa forma se cerró su tratamiento y su vínculo con la institución, y no volvimos a verlo más.

En cambio, otro paciente de la misma época, Joel, tuvo a su favor un pronóstico totalmente opuesto al de Sebastián. Joel era un joven de treinta años, con una historia muy dura y llena de privaciones. De padre alcohólico y madre sobrecargada en sus funciones, por tener nueve hijos a su cargo. Sin embargo, a pesar de las dificultades que debió enfrentar en su vida, Joel hizo un tratamiento con mucha disciplina y prolijidad y, en poco menos de dos años, recibió el alta terapéutica y la mejor de la prognosis por parte del equipo de profesionales que lo acompañó en su terapia. Cuando se fue de la institución, Joel sostenía un trabajo desde hacía casi un año, el cual cumplía con mucha responsabilidad y, junto a su pareja, habían encarado el armado de una familia por ambos deseada. Decidió no consumir más alcohol, porque se había dado cuenta de cómo un simple vaso de cerveza desataba en él una serie de conductas encadenadas que lo llevaban a emborracharse y, casi seguro, a volver a consumir cocaína o psicofármacos. Por otro lado, él y su mujer se habían *convertido* y habían ingresado en una congregación evangélica, lo cual contaban con mucho orgullo. Su pronóstico era de lo más positivo y esperanzador. Por fortuna, lo peor parecía ya haber pasado.

Sebastián y Joel se habían ido de la institución de tratamiento por adicciones hacía más de quince años. Cada cual por su camino.

Una tarde calurosa y soleada, le dije a mi hija Emilia:

—¿Qué te parece si vamos a la plaza?

Obviamente a sus ocho años, para ella, esa invitación era toda una tentación, por lo que se cambió y salimos de casa caminando y conversando distintos temas. Yo también me quería despejar, era sábado y había que relajarse. Mientras caminábamos por una de las veredas de la avenida 24 de Setiembre en Córdoba, Emilia me hace señas y me dice:

—Mirá, papá, ese hombre te saluda.

Yo no lo había notado, pero desde dentro de uno de esos edificios nuevos que se estaban estrenando avanzaba un hombre de unos cuarenta años, muy sonriente y en actitud de venir a abrazarme.

Presté atención a su rostro y, en el acto, lo reconocí. Venía hacia mí con esa gardeliana sonrisa compradora que tuvo siempre, mientras me decía con su ronca voz inconfundible «Juan querido». Estaba vestido con ropa de trabajo marrón, un trapo rejilla colgado de la cintura, borceguíes, y creo que llevaba un plumerito en su mano derecha. Me di cuenta enseguida de que trabajaba de portero en ese edificio.

—¡Sebastián, qué hacés! —le dije con asombro.

Le presenté a mi hija (que estaba algo molesta por este encuentro, que le quitaba tiempo para la plaza) y, contentos ambos, nos pusimos a conversar.

Mientras él me contaba en qué andaba su vida, yo trataba de recordar algunos detalles de este paciente que hacía quince años que no veía. En realidad en encuentros así, es más probable que quien fue paciente tenga más fresca en su memoria lo sucedido en la terapia que nosotros, los terapeutas que, con el paso de los años, vemos cientos de casos y necesitamos ir a las historias clínicas para recordar detalles de lo sucedido.

Yo recordaba cosas muy generales de Sebastián, pero sin dudas lo que más tenía presente era que se había ido con un pronóstico pésimo por parte de la institución. Pero para mi sorpresa, en este encuentro casual se lo veía bien: trabajando, contento y, según me contó, había armado una linda familia.

Ante mi curiosidad, me comentó que, cuando dejó su tratamiento, tuvo cinco años muy difíciles, de mucho *bardeo*, pero que sin embargo a partir de los treinta, cuando nació su segunda hijita, hizo un *click* (así dijo), y se alejó del alcohol y de las drogas —«toco madera»—, agregó, mientras apoyaba la palma de su mano en la puerta del edificio, y poco a poco, dijo que «se había rescatado». Hacía más de diez años que no consumía, aseguró, y por como lo vi, le creí.

Nos despedimos contentos, y volví a caminar junto a mi hija procesando la experiencia de ese encuentro inesperado.

—¿Era un paciente? —me preguntó Emilia.

—Sí —le respondí pensativo, y agregué—: Y mirá qué bien que está.

Seguimos nuestro rumbo con Emilia pero, dos cuadras antes de llegar a la plaza, veo a un hombre tirado en la vereda que, al acercarme, me levanta la mano como pidiéndome alguna moneda, mientras que, con voz balbuceante, me dice algo así como «Para algo para comer». Estaba borracho, y resultaba bastante desagradable, porque había vomitado sobre su ropa. Mi hija había caminado tangencialmente, alejándose de él pero, una vez que pasó a su lado, se detuvo y me quedo mirando, para ver qué haría yo ante esa situación. Si ella no hubiese estado ahí, confieso que podría haber seguido de largo, sin embargo la escena me alentaba a mostrar alguna actitud solidaria que le sirviera a mi hijita como ejemplo y lección. Estas cosas que, a veces, hacemos los padres.

Me acerqué entonces al hombre para darle algún billete como limosna pero, al hacerlo, me quedé helado. Era Joel, que también en ese mismo momento me reconoció. Hizo entonces un esfuerzo para sentarse erguido, apoyándose en la pared, como si se hubiese avergonzado al verme y, con una sonrisa, me dijo:

—Tanto tiempo.

Estaba muy borracho, su manera de hablar, su olor, su mirada perdida, su color de piel, su falta de equilibrio: todo ponía en evidencia su alcoholismo. Y como ya nos habíamos reconocido ambos, dejó de ser para mí una especie de linyera borracho del que podía pasar por el costado sin ninguna carga de responsabilidad. Ahora era Joel, aquel buen paciente que yo había conocido hacía más de quince años y del cual sabía toda su dolorosa historia, sus vínculos y algunos secretos. El mismo Joel del pronóstico excelente.

Mi hija se dio cuenta de que, con estos encuentros, su plaza estaba cada vez más lejos, y me preguntó con tono casi de acusación:

—¿Es un paciente?

Era la misma pregunta que me había formulado en el encuentro anterior, pero ahora venía con otro significado: los niños son sabios.

Me puse en cuclillas al lado de Joel y comencé a hacerle algunas preguntas orientativas. Él estaba muy alcoholizado y, por lo tanto, bastante incoherente, aunque me pedía que le dejara un poco de plata y que me fuera, la situación ameritaba otro tipo de respuesta. Logré con mucho esfuerzo ponerlo de pie, y entonces, paré un taxi. Subí a mi hija delante, y yo con él, nos sentamos atrás.

El Instituto Provincial de Alcoholismo y Drogadicción quedaba a solo unas cuadras de ahí. Llegamos, nos bajamos y lo acompañé hasta el ingreso. Hablé unas palabras con el médico de guardia, le conté la situación. Joel quedó ahí y, con mi hija, nos volvimos en el mismo taxi, le había pedido al chofer que me esperara.

Mientras íbamos rumbo a la plaza con Emilia, contenta otra vez, el taxista me miró por el espejito retrovisor y sacó uno de los temas típicos de su oficio:

—¡Qué calorón! —dijo en puro cordobés.

—Está tremendo —le respondí.

—Aunque el pronóstico dice que viene tormenta a la noche, se espera mucha lluvia —aclaró.

—Mire, vea —retruqué—: ya no creo más en los pronósticos, son útiles solo para engañar.

Hizo una mueca estirando el mentón, dejando los labios pegados y subiendo las cejas al mismo tiempo, como si no me hubiera entendido.

Yo me sonreí. Llegamos a la plaza y, con Emilia, la pasamos genial lo que quedó de la tarde. Nos volvimos a casa ya siendo de noche. Luego me puse a preparar un asado en el patio.

Como era de esperar, no llovió, el pronóstico falló otra vez.

RITUALES

Son las 19 en punto, y mi secretaria me avisa que el paciente llegó. Lo anuncia como Néstor M.

Lo hago pasar y cuelga su campera en el perchero. Se sienta en la punta del sofá cruzando las piernas. Es un hombre elegante, de unos cuarenta y cinco años. Alto, rubio y con barba tupida. Viste de colores beige en distintos tonos equilibradamente distribuidos.

Me pregunta si puede encender un cigarrillo mientras lo saca de una elegante cajita de madera con incrustaciones de nácar. Le digo que no. Que dentro del consultorio no permito fumar, no solo porque el humo me hace mal, sino porque prefiero que los pacientes no estén en sesión usando un desestresante.

Asiente con la cabeza y guarda el cigarrillo. Como con la mayoría de los pacientes, uno comienza preguntando datos obvios y elementales: «¿Cómo llegó a mí?», «¿Alguien lo derivó?», «¿Hizo terapia previamente?», y cosas como esas.

Pero, desde el principio, esta historia empieza a regirse por otras reglas, insólitas para mí. Cuando le pregunto su nombre, el paciente me pide que no registre nada de lo que estoy escuchando, porque me aclara:

—Yo no soy Néstor M. [el nombre que me había dado], en realidad me llamo de otra manera. Pasa, licenciado, que soy muy conocido en mi profesión de abogado, me animaría a decir *famoso*. Y esto hace que ponga mucho en juego por venir aquí. Me da pánico que cualquiera se entere.

Entendí entonces por qué todas las semanas se había propuesto viajar desde Buenos Aires hasta Córdoba para venir a la sesión. Temía que alguien lo descubriera en su ciudad, donde se sentía importante.

Aunque intenté darle tranquilidad, asegurándole que no revelaría su nombre a nadie, Néstor M. se mantenía en su posición. Pero, al seguir escuchándolo, me quedó claro que él, en gran medida, disfrutaba de su doble identidad. Como parecía que la situación lo divertía, decidí seguirle el juego.

Pasados varios minutos, no había mencionado nada sobre algún problema por consumo de drogas. A veces, los pacientes o sus familias muestran resistencia a hablar del tema *drogas*, por más que sepan que están frente a un profesional que se dedica exclusivamente al asunto y a quien han buscado por eso. Es como si hubieran aceptado subirse al escenario de una entrevista sobre drogas, pero que una vez instalados ahí, actúan buscando evitar hablar de aquello que los llevó al lugar al que eligieron ir.

Le pregunté entonces:

—Decime, Néstor, ¿por qué elegiste venir a verme? Como vos sabés, yo me especializo en el tema del consumo de sustancias.

Hizo una pausa y, en diminutivo, me dijo:

—Bueno, creo que tengo un *problemita* con el alcohol, aunque no estoy seguro, quizá si vos me lo decís, me convenzo.

Aceptar el problema del consumo de alcohol, o de otras drogas, siempre cuesta, y por varias razones. En el caso de Néstor M., era así porque, al sentirse un profesional tan exitoso, renombrado, citado por los demás, y de mucho prestigio, admitir una debilidad con el alcohol, una bebida tan familiar, al alcance de la mano, popular y cotidiana, significaba fracasar en un campo donde la mayoría de la gente parece divertirse y pasarla bien.

Sin embargo, un suceso reciente lo había asustado. El fin

de semana anterior a la entrevista había participado de una fiesta familiar en donde, luego de beber como un condenado, se sumó a la conversación de un grupo de adolescentes, amigos de un sobrino de dieciséis años que sentía gran admiración por él.

Estaba francamente desubicado en ese grupito, pero su ánimo *festivo* por el vino y por la cerveza que había tomado le impidió darse cuenta de la vergüenza que le estaba haciendo pasar a su sobrino. De la jocosidad, pasó a la agresión verbal, con un adolescente que le discutía sobre temas triviales. La discusión comenzó a subir en volumen, hasta que Néstor le arrojó un vaso de cerveza en la ropa al jovencito que lo contradecía.

La vergüenza fue enorme para todos. Y también para Néstor, pero lo fue al otro día, cuando pudo entender el tamaño del papelón que había protagonizado.

Este hombre educado, prolijo y respetuoso que yo tenía delante era también este tío borracho, agresivo y vergonzante que hizo llorar al sobrino en su fiesta de cumpleaños. Semejante cambio era posible gracias a los poderes del alcohol.

Comenzamos a trabajar con Néstor M., del que nunca supe su verdadero nombre.

Me llamaba la atención cuánto le costaba aceptarse como una *persona con problemas con la bebida*. Obviemos la expresión *alcohólico*, porque él jamás hubiera aceptado semejante diagnóstico. Pero tampoco le era fácil aceptar el de *persona con problemas con la bebida* que, al fin y al cabo, es casi lo mismo, pero más elegante.

La recomendación básica para Néstor M. fue que, durante un tiempo, se abstuviera totalmente de tomar alcohol. Y para ello, era importante que, si estaba en una reunión, en un asado de amigos o en un encuentro social de cualquier tipo, simplemente no bebiera.

Pero esto, para Néstor M., parecía un imposible y no porque la abstinencia de alcohol lo ingresara en una necesidad compulsiva en donde, de manera desesperante, tenía que proveerse de bebida para calmarse. No. No era este tipo de dependencia el impedimento que Néstor M. encontraba. La razón era la misma que lo había hecho inventarse un nombre distinto para estar conmigo: Néstor M. necesitaba conservar su imagen de hombre exitoso, su más ansiado capital. De alguna manera, su principio de vida era algo así como «Éxito o Muerte».

Y un hombre exitoso no puede no beber si los demás lo hacen, porque: «¿Qué van a pensar?, ¿que soy un borracho?, ¿que perdí mi capacidad fiestera? ¿Que soy débil? ¿Que soy menos varón? Los hombres no lloran: beben». Esta parecía ser una creencia muy arraigada en él. Sin embargo, como a la vez, una parte de Néstor M. aceptaba que tenía algún *problemita* con el alcohol, se esforzaba en mediar entre sus dos partes: la que no quería beber y la que quería continuar bebiendo.

Un día fue a un boliche a bailar y conoció a una señorita linda, atractiva, a la que debía invitar a tomar un trago, como decían sus reglas no escritas de la noche. Néstor quería cumplir con ese ritual de seducción y, a la vez, quería conservar su sobriedad. Entonces hizo lo siguiente: llevó a la joven a una parte oscura del salón, pidió dos tragos largos, le dio uno a ella y otro se lo quedó él. Se hablaban al oído porque la música era muy potente, charlaban y reían, y ella tomaba su bebida. Néstor hacía como que bebía, pero lo que hacía era solo mojarse los labios con la bebida. Como estaba en un lugar oscuro, cuando lo creía conveniente tiraba al piso chorritos de su vaso, para vaciarlo de a poco y aparentar que tomaba, como ella.

Cuando me lo contó en sesión, Néstor estaba exultante. Como quien hubiera descubierto el método para *no beber y beber* a la vez. Me preguntó qué me parecía la estrategia. Podría haberle explicado cómo funcionan los mecanismos de defensa en una persona o cómo interpretar estos incidentes como una negación de su problema. Pero como ya había pasado tiempo y habíamos logrado construir un vínculo terapéutico importante, me decidí por responderle de manera directa: le dije que me parecía una táctica equivocada, porque estaba aparentando tener un vínculo con el alcohol que en realidad no tenía.

Me contó que, en otras ocasiones, salía a cenar con empresarios y con colegas a Puerto Madero y, por supuesto, pedían vinos carísimos y en cantidad generosa. Como él no se animaba a decir que no tomaba alcohol, pedía también una botella de agua mineral y se hacía servir media copa de vino. En el transcurso de la cena, solía llevarse la copa a los labios, haciendo como que tomaba, luego la cambiaba de lugar, luego bebía agua y estaba atento de servir vino a sus amigos. Con todos esos movimientos lograba generar la ilusión de que estaba bebiendo, ya que nadie estaba atento a sus malabares. Y por último, si alguien le pedía que bebiese más, él le decía: «Gracias, ya tomé como cuatro copas».

El asunto se le comenzó a complicar cuando, en un boliche, un muchacho se enojó cuando Néstor le tiró vodka en el pantalón, al intentar arrojar la bebida al suelo sin que la señorita con la que él conversaba se diera cuenta de la maniobra. Otra vez salpicó los zapatos de otra señorita a la que estaba intentando conquistar y, sin pelos en la lengua, ella lo trató de imbécil antes de dejarlo solo.

En una de las cenas que tenía con otros abogados, alguien lo puso muy incómodo al señalarle con insistencia que no era cierto que había tomado tal como él lo afirmaba. Y cuando le pasó por segunda vez lo mismo, advirtió que lo habían estado observando y, que seguramente, habrían estado riéndose de él.

Néstor M. intentó reunir dos mundos imposibles. Quiso dejar de consumir alcohol sin dejar los rituales del consumo.

Es como si alguien pretendiera secarse, envolviéndose en una toalla debajo de la ducha. Como si quisiéramos cambiar el ritmo del baile, escuchando la misma música.

No pude ayudar a Néstor M. No encontré la forma de que él pueda poner en crisis su gusto y satisfacción por los rituales que acompañaban su consumo, ni pude hacer que se cuestione sobre *ciertos éxitos* a los que conviene renunciar.

RULETA RUSA

El pueblo en el que vivía Lorena estaba muy alejado de la ciudad de Buenos Aires. Pero por internet, podía conocerse todo. Lorena pasaba horas gugleando palabras, como «Buenos Aires», «Capital Federal», «fiestas electrónicas», y buscando amistades o seguidores en Instagram y en Facebook que compartieran sus mismos gustos. Corría el año 2015.

Ella estaba bien al tanto de esas interminables fiestas que convocaban a miles de personas para bailar. Veía que todos ahí parecían felices, lindos, atractivos, y llenos de buenos amigos. Envidiaba cómo se divertían, conocía el nombre de los DJ, y sabía distinguir fácilmente los distintos géneros de la música electrónica. Obviamente también le encantaba bailar, y lo hacía muy bien.

El problema era que el pueblo donde Lorena vivía era aburrido, chiquito, y con muy pocas cosas que hacer. Todos se conocían en ese pequeño mundo.

«A este pueblo habría que hacerle en la plaza principal un Monumento al Embole» era la frase preferida del grupo de Lorena y de sus amigos para describir con claridad dónde vivían.

Lore zafaba del aburrimiento yendo cada tanto a matear al río, o reuniéndose por las noches en la casa de sus amigas. Con ellas durante los fines de semana se sentaba en el bar frente a la plaza, para ver una y otra vez pasar los mismos autos con los mismos chicos que daban vueltas con la música a todo volumen: «¿Cómo hacen estos tarados para escuchar la música así, sin que les explote la oreja?», se decían ellas mientras reían.

También solía viajar hasta el pueblo de al lado, donde estaba Redes, el boliche de la zona en donde se juntaban a bailar los jóvenes de la región. Redes era un importante lugar de encuentro. Un boliche con buena música, mucho alcohol y cada vez más marihuana. Y con un jardín muy grande que terminaba en un alambrado que daba al río. Era una travesura repetida de sus amigas ir en grupo al boliche y desaparecer de la fiesta bien entrada la noche. Todas sabían, sobre todo cuando el alcohol había hecho bien su trabajo, que la *desaparecida* ya iba a volver, luego de tener sexo o algo parecido con el novio de turno, detrás del alambrado.

Lorena, que trabajaba de cajera en el súper, se esforzaba en ahorrar peso sobre peso y semana tras semana, con un solo objetivo: ir a Puerto Madero de Buenos Aires a esa fiesta electrónica en la que tocarían sus DJ favoritos.

La fecha se iba acercando, y ella ya se había sumado, a través de Instagram y de Facebook, a una red de amigos virtuales que compartían sus mismos gustos y que, por supuesto, estarían en esa fiesta también. Todos ellos eran ya experimentados en el tema, y asiduos a las fiestas electrónicas. La mayoría de estos amigos virtuales, con quienes Lorena pasaba horas intercambiando mensajes, eran simpáticos estudiantes universitarios que vivían en la gran ciudad y que se habían propuesto funcionar como *guías* en ese primer contacto de ella con una gran fiesta de este tipo.

Lorena guardaba esta información casi en secreto. O por lo menos, en secreto frente a su familia. Sus padres seguían con atención estos extraños gustos de ella, a los que de verdad no les habían dado importancia, sino hasta que se convencieron de que viajaría sola a Buenos Aires para asistir a una «fiesta eléctrica», como la nombraba su papá.

La razón por la cual Lorena no daba detalles a su familia de sus nuevos amigos virtuales era por las drogas, ya que los padres de ella tenían terror a esa palabra. Por otra parte, asociaban automáticamente ese tipo de fiestas con drogarse toda la noche. Habían leído en los diarios y escuchado en los noticieros de casos de muertes por sobredosis y estaban convencidos de que Lorena estaba jugando con fuego.

Llegó el día señalado, y Lorena preparó su valija y tomó el colectivo que la llevó a la terminal de Retiro luego de casi un día completo de viaje. Sus padres la despidieron angustiados y resignados, y sus amigas, impacientes por recibir noticias de cómo iría todo en esa aventura. Partió, llegó a destino y se subió a un taxi para ir hasta el hostel donde se alojaría. Era sábado por la mañana, y estaba frente a sus próximos tres días en Buenos Aires.

Contactó a sus amigos virtuales, y se reunieron en un punto de encuentro ya entrada la noche. Al llegar al evento, todo era nuevo para ella. Nunca, salvo alguna vez que había ido a la playa, había visto tanta gente junta. Pero aquí era distinto, todos eran casi de su misma edad y vestidos como a ella le gustaba. Hizo una larga fila para entrar a la fiesta con su nuevo grupo de amigos, y luego de que el encargado de seguridad le revisara la mochilita y la palparan, ingresó por fin junto con ese grupo de seis jóvenes, que ahora conocía personalmente.

Uno de ellos, Lucas, le advirtió que no debía perderse de entre tantas personas que había en el lugar, porque eso le podía arruinar la noche. Perderse entre miles de iguales, en medio de un sonido envolvente, y con tanto movimiento, no solo implicaba alejarse de su grupo, sino quedar expuesta a riesgos diversos. Le explicaron que toda esa gente era, a fin de cuentas, un reflejo de la sociedad: lo bueno y lo malo estaba ahí.

Lorena comenzó a maravillarse con distintas escenas: una chica con peluca platinada bailaba, apoyando su espalda en la de otra que era un reflejo de ella, y se besaba con un joven que tenía sus manos en la cintura de las dos. Todos saltaban y se contorneaban sin seguir una regla pero, a la vez, eran parte de un movimiento masivo único. Vio que circulaba mucha agua y entendió que eso no era por la sed común —esa que había conocido en su pueblo—, sino porque muchos de ellos estaban bajo otro tipo de impulso. «Éxtasis» pensó, dándose cuenta de que *éxtasis* no es solo una droga, sino también, un estado en que se habían subido miles de personas que estaban ahí con ayuda de ese ritmo vertiginoso y repetitivo.

Ya desde que estaba en la fila para el ingreso, Lorena no paraba de preguntar sobre el uso de drogas en la fiesta. Tenía tanta curiosidad como miedo. Sin embargo se dio cuenta de que no era como le habían dicho sus padres, de que la iban a «obligar a tomar». Las reglas eran otras: «Tomo si quiero». Las respuestas que el grupo les daba a sus preguntas la tranquilizaban.

Así y, ya en la fiesta, tan natural le parecía todo, y tanta curiosidad llevaba dentro que, al final, mirando con gesto cómplice a esa chica del grupo que le extendía la mano y le decía sonriente:

—Esta es tu *rola*, tomá solo la mitad.

Siguió el consejo y, una vez partida, se puso la mitad de la pastilla en la boca, para con los ojos cerrados, seguir bailando, esperando sentir algo nuevo.

Pasaron varios minutos, y esa Lorena preguntona y curiosa ya se había callado y había comenzado a entrar en un profundo sentimiento de bienestar interior, bailando como nunca antes lo había hecho. Comenzó a sentir ganas de tocar y de que la tocasen. Por eso, sin darse cuenta, se encontró apoyando su cuerpo en el de otros que bailaban a su alrededor, sin importar quiénes eran. Un joven que no conocía se le acercó y, con sus dedos, le masajeaba la espalda mientras danzaban con ojos entrecerrados. Comenzó a sentirse linda, hermosa, luminosa, y el mundo se llenó de belleza y bondad. Volaba.

El tiempo se había detenido y entró en una sensación de

profundidad y de conocerlo todo en ese trance. Las luces le molestaban mucho, por eso se puso los anteojos negros que había cargado en su mochilita. De repente sintió una imperiosa necesidad de ir al baño. Había leído acerca de eso, de cómo el éxtasis también funcionaba como un potente laxante. Y allá fue, acompañada por dos chicas del grupo, arrojándose a un escenario de baños químicos en fila, todos llenos de gente, y de olores y aspectos desagradables.

—Lo de los baños en estas fiestas siempre es un bajón —le explicaron, para agregar entre risas—: y como lo ves, en estas fiestas necesitamos cagar.

Pensaba en que había llegado esa misma mañana desde su pueblito y que ahora estaba ahí donde quería, olvidada de todo, entre botellas de agua, el sonido intenso, los saltos, los cuerpos jóvenes, la transpiración y los deseos exacerbados. Tanto había chateado, leído en blogs, visto en Facebook y averiguado por Whatsapp que, en pocas horas y con la tutela de ese grupo de amigos nuevos, ya era una más en esa enorme tribu que saltaba. Y así, pasaron las horas.

Estaba por amanecer, y el grupo que la acompañaba se reunió para volver. Lorena estaba empática, con sus pupilas dilatadísimas detrás de sus anteojos negros, con ganas de hablar de sus sentimientos, o de lo que fuese, y de seguir bailando. Pero faltaba Lucas, justamente ese que le había advertido que tuviera cuidado de no perderse entre la gente. Cuando estaban buscándolo, Lorena vio que ese ambiente ideal en el que había bailado estaba en sus bordes lleno de chicos tirados entre botellas de agua, alcohol y latas de energizantes. Algunos vomitaban, y otros se hallaban como abandonados. Era un cuadro *shockeante*, casi como la contracara de lo vivido dentro de la gran carpa. En ese momento, y frente a esa escena, quizá por el contraste, tomó real conciencia de que estaba drogada.

Al final alguien encontró a Lucas tirado en el césped con

la cabeza inclinada sobre la carpa del lugar, y con el torso desnudo. Con voz balbuceante, decía que no sentía ni los brazos ni las piernas, y que tenía mucho calor. Se lo veía asustado. A Lorena le impactó la escena. Justamente él había sido quien más la había tranquilizado, el que parecía conocer mejor que nadie los códigos que se manejaban en el lugar, y ahora estaba ahí, tirado, como un herido de guerra. El ánimo de Lorena iba en picada. Todo ese bienestar que había sentido hacía unos minutos se convertía en tristeza y pánico que crecían.

Escuchó que una de las chicas del grupo propuso llevar a Lucas a un hospital lo más rápido posible —en realidad, él ya lo estaba pidiendo.

Entonces, Lorena con dos jóvenes más lograron subirlo a un taxi que les costó encontrar, porque nadie quería levantarlos, y así se vio sorprendida, asustada, y en medio de una situación, para ella, inimaginada: en Buenos Aires, un domingo al amanecer, viajando en un taxi con tres jóvenes desconocidos que había contactado hacía meses por las redes sociales, rumbo a un hospital, y pegada a un muchacho que, apoyado en su hombro, babeaba y balbuceaba.

Ella tenía ahora una profunda sensación de vacío y desesperanza. Estaba como asqueada y no sabía de qué. Llegaron al hospital y Lucas fue ingresado de forma urgente a la guardia. Los tres quedaron afuera aunque, a esa altura, Lorena ya quería regresar, no solo a su hostel, sino también a su pueblo. Era como si no pudiera entender bien cómo había llegado hasta ese lugar. Un enfermero salió y pidió más datos sobre Lucas, aclarando que este joven estaba muy drogado, pidiendo información sobre qué había tomado y decía, además, que había que contactar a la familia. Lorena entró en un ataque de llanto.

Pasado el tiempo, una de las chicas que tenía que regresar a su casa acompañó a Lorena a su hostel, intentando tranquilizarla. Otro de los amigos se había quedado en el hospital para apoyar a Lucas. Viajaron en silencio y, una vez en su habitación, Lorena se tiró en la cama, se hizo una bolita y abrazó con fuerza una almohada. Tenía muchas ganas de llorar y se quedó un largo tiempo mirando la nada, sintiendo cómo la tristeza le iba creciendo dentro. Ya era cerca del mediodía cuando se durmió.

Lorena regresó a su pueblo luego de esa fuerte experiencia. Pasaron los años, se casó y tuvo una bebé. Vino a consulta por un tema que no tenía que ver con drogas. Pero me contó esa historia luego de hablarme de las naturales inseguridades que tenía en cómo criar a su hijita Matilde. Después de contarme esta historia, me dijo entonces que esperaba ser una mamá comprensiva pero, a la vez, directa, de hablar sin vueltas, y de límites claros.

Me explicó que entendía que las drogas estuviesen al alcance de todos y que, seguramente en la adolescencia y en la juventud de Matilde, el mundo de las drogas, y el de los medios de comunicación, habrá cambiado más rápido de lo que ella, Lorena, se podría imaginar.

Lo único que pretendía, y en lo que ahora ponía todo su esfuerzo, era hacer de su pueblo un lugar donde los chicos, adolescentes, jóvenes y familias pudieran hablar de lo que les pasaba, con la menor cantidad de caretas posible. Se le ocurría que eso hubiera sido el mejor antídoto para la ruleta rusa que le había tocado vivir en esa fiesta electrónica. Y estaba en lo cierto.

Secretos de familia

Para algunas personas, las apariencias son cuestión de vida o muerte, y así lo era para los Pacheco. Vivían en un pueblo en donde *se conocían todos* y donde nunca pasaba nada. Dueños del supermercadito del lugar, estaban siempre *en la vidriera*, saludando, sonriendo, trabajando, comerciando: así pasaban gran parte de su vida.

Los Pacheco, exitosos, respetados e influyentes, eran una familia modelo, que había logrado cumplir con la aspiración social del pueblo.

Oscar, el jefe de familia, era una persona reconocida y que, incluso, había recibido propuestas para ser intendente del pueblo. Julia, su mujer, era una señora de fuerte presencia, pero con preocupaciones centrales algo banales, por ejemplo, que su familia vistiera bien. El orden de los productos que lucían las góndolas del supermercadito de los Pacheco y la pulcritud de la vereda de su casa eran también para ella temas centrales, asuntos de Estado.

Tenían una hija de treinta años, Susana, casada y muy activa en cuestiones sociales de la comunidad, y Franco, un hijo de veinticinco, que viajaba semanalmente a la capital, porque estudiaba ingeniería.

Franco y Susana llegaron un día a mi consultorio, pedían ayuda y orientación porque se sentían agobiados por lo que les pasaba, no sabían cómo manejarlo. Hacía casi dos años que querían hablar con un profesional, pero no se animaban. Fantasearon con que el problema se solucionaría solo, sin hacer nada; pero el tiempo pasó y el curso de los acontecimientos fue en sentido contrario al deseado, es decir, empeoró.

El motivo de consulta era la preocupación de estos hijos por el consumo de alcohol de su madre. Aunque Julia bebía desde siempre, en estos últimos dos años, la cosa estaba pasando a mayores, porque ella ya no solo bebía durante las comidas, sino también a cualquier hora del día. Susana, su hija, se había dado cuenta un año antes de que estaban frente a un problema: en una discusión en la que su madre había estado muy agresiva, su hija le sintió en el aliento el olor a alcohol.

Me dijeron que intentaron hablar del tema con ella, y también con su padre, pero ambos negaban rotundamente lo que pasaba.

El alcoholismo funciona así, sobre todo en sus fases iniciales: está ahí, pero cuesta verlo como un problema, quizá porque avergüenza o asusta. Al fin de cuentas, qué importa, lo cierto es que suele funcionar como un asunto negado.

Como la mamá era una mujer atenta en cuidar las formas y las apariencias, nunca consumía alcohol en público, salvo casi mojarse los labios, pero dentro de la casa todo era distinto, como si se convirtiera en otra mujer.

Durante la noche, era *religión* para ella tomar más de media botella de vino y, luego, vasitos de licor en serie progresiva.

Bebía junto a su marido pero, con el paso del tiempo, ella bebía más, hasta que se desinhibía y le buscaba pelea, recriminándole por viejas historias pasadas que siempre volvían con el alcohol, como en un ciclo de eterno retorno. Esa mujer que durante años siempre mantuvo una actitud sumisa, ahora puteaba y maltrataba a su marido luego de beber. A fin de cuentas, el alcohol le liberaba una bronca contenida y una frustración ahorrada en años.

Ante esto, su marido Oscar que al comienzo la enfrentaba, cambió de estrategia y, cuando la cosa se ponía pesada, se escapaba al bar del pueblo para beberse unas cervezas y jugar a las cartas, al dominó o a lo que fuese con los amigos.

Me contaban los hijos que, en los últimos tiempos, Julia se había encerrado más en su casa y ya no acomodaba como antes las góndolas del supermercado, ni se la veía con las amigas.

Julia entonces se quedaba sola en la casa, y abrazando sus botellas se dormía junto a ellas.

Sus hijos se lo comenzaron a cuestionar a lo que Julia les respondía: «¿Qué se creen, que soy una borracha?».

En la casa —me decían—, comenzaron a aparecer botellas semivacías en lugares inesperados: en el placar, entre los libros de la biblioteca, con la ropa sucia. La salud de su madre se deterioraba de manera evidente, y ya su hígado le había comenzado a pasar factura. En una visita al médico, el mal resultado de su hepatograma la dejó en evidencia.

Sin embargo, y a pesar de tantas señales claras, Julia seguía negando tener problemas con el alcohol. Había pasado a afirmar que ya no bebía más, y que era un problema superado. Su frase muletilla era siempre: «¿Qué se creen que soy: una borracha?».

Por la insistencia de la familia, y a regañadientes, Julia decidió iniciar un tratamiento. «Para dejarlos tranquilos», decía.

Y así, la incluí en un grupo terapéutico junto a otros jóvenes con problemas de adicciones a drogas, como la marihuana y la cocaína.

Recuerdo que, al comienzo, se sintió desubicada y molesta en ese espacio. Pero con el paso del tiempo no solo se *adaptó*, sino que hasta *adoptó* afectivamente a jóvenes compañeros de grupo, que podrían haber sido sus hijos. Se preocupaba por ellos, le dolía si no hacían bien el tratamiento y, a su vez, ellos la valoraban, cuidaban y le exigían.

Con ayuda de ese grupo, y con la familia, Julia salió adelante luego de muchas idas y vueltas. Debió superar muchas cosas para dar esos pasos: el sentimiento de vergüenza por reconocerse alcohólica; el estigma de un pueblo que la criticaba a sus espaldas; y todos los fantasmas interiores que la hacían buscar el refugio del alcohol.

Su Majestad, la Cocaína

Hay una pregunta típica que está en boca de todos los que no han consumido drogas. Preguntan el periodista, el padre, el adolescente curioso, el abuelito, todas las mamás, el morbo entero: «¿Qué sentís cuando te drogás?».

De alguna manera, esta es una curiosidad muy cercana a la rama de la pornografía. Como un ojo puesto en la cerradura para espiar dentro del baño, que rompe la barrera de la intimidad. Es una pregunta indiscreta, del tipo «¿Qué sentís cuando te masturbás?» o «¿Cuáles son tus placeres secretos?».

Contadas veces he preguntado a un consumidor de drogas: «¿Cómo es drogarse?», ya que no es un interrogante necesario en el ámbito de una terapia, simplemente porque se da por entendido que eso ya se sabe. El paciente lo conoce por experiencia de vida, y el terapeuta, por experiencia profesional.

Pero en esta historia, debido a los antecedentes del personaje en cuestión, la pregunta «¿Qué sentís con la cocaína?» surgió de manera natural, y casi obligada, como caída por su propio peso. Sin embargo, la respuesta que recibí en esta ocasión fue aleccionadora y distinta de lo esperado, y quizá por eso, la más significativa y descarnada que escuché jamás.

La historia de Miguel es la de un joven cordobés que, en la década del ochenta, comenzó un tratamiento de rehabilitación por drogas en Buenos Aires. Le fue muy bien y terminó su proceso tras superar una difícil etapa de su vida.

Sus padres estaban más que contentos con este logro; en realidad, su hijo casi nunca había terminado nada importante en su vida y, por eso mismo, ahora ellos tenían la intención de apoyarlo en cualquier nuevo emprendimiento.

Algunos de los coordinadores de la institución donde Miguel se había rehabilitado eran adictos recuperados, por los cuales él sentía una profunda admiración, los veía casi como a unos *héroes*, personajes sobresalientes, ejemplos para imitar. Una idealización muy común entre los pacientes y sus *guías* experienciales que, sin dudas, tiene sus riesgos.

Miguel entonces se decidió por «ayudar a que otros dejen las drogas» y, en casi tres años —con el auxilio de la cuenta corriente de su padre, por supuesto—, desarrolló un importante centro asistencial en una provincia del sur argentino, a donde se había ido a vivir con su nueva familia.

Era un líder nato, sumamente hábil en el manejo institucional, visionario, carismático, algo obsesivo, de esos que siguen a rajatabla una idea fija, y muy trabajador. Pero tenía un problemita, lo seducían y fascinaban el dinero y el poder: dos tópicos que, por otra parte, se llevan muy bien con la cocaína.

Conocía a Miguel por haberlo cruzado en distintos eventos y congresos sobre adicciones. Lo había escuchado exponer sus trabajos y contar su testimonio de vida, al cual le daba siempre un tono dramático y seductor, y habíamos conversado superficialmente en reuniones de camaradería. Luego, durante años, no supe nada más de él.

Un día recibí un llamado telefónico, en el que se me pedía una entrevista:

—Busco orientación para ayudar a un amigo por el que estoy muy preocupado —me dijeron del otro lado.

Y entonces pactamos una reunión. Cuando esta persona vino al encuentro, ante mi sorpresa, llegó con Miguel, que entró al consultorio de una manera algo incómoda, pero decidida.

Nos vimos los tres, y Miguel pidió comenzar terapia. Me contó que, aunque en su institución le había ido muy bien, por una de esas típicas crisis económicas de nuestro país, un día ya no pudo pagar sus deudas ni sostener el estilo de vida al que él y su familia se habían acostumbrado. Su papá ya había fallecido, y esa falta de respaldo económico lo dejó doblemente huérfano. Entonces comenzó a endeudarse y a ocultar esto a la institución que dirigía y a su familia. Gastaba de más, y a cuenta, lo que hizo que sus problemas crecieran como una bola de nieve. Un día, apremiado por la situación, comenzó a pedir dinero a prestamistas sin decirle nada a nadie. Poco a poco, acabó con todos sus ahorros. Hasta llegó a empeñar las pocas alhajas de su mujer y, luego, llegó a perderlas, me contó con vergüenza.

Ya encerrado en sí mismo y a espaldas de todos, recurrió a la bebida, de la misma forma en que lo había hecho muchos años antes, buscando una anestesia que calmara su angustia. Su mujer se dio cuenta de que algo malo estaba pasando, y un día lo confrontó y puso en evidencia el estado de su situación.

Miguel entonces no resistió más y, calladito y sin aviso, una mañana armó un bolso y abandonó a su mujer y a sus hijos. Y sin decir adónde se marchaba, volvió a la casa de sus padres en Córdoba.

En el curso de la terapia reconoció que, en el último tiempo, el consumo de alcohol lo había llevado de regreso al «infierno» —así lo llamaba— de la cocaína, lo que lo desesperó a tal punto que, incluso, planeó quitarse la vida. Imaginó distintos métodos para matarse, pero nunca dio pasos concretos en ese sentido («en el fondo, soy un cagón», se definía). Desde mi modo de ver, eso no le quitaba riesgo al asunto, porque aun los *cagones* se suicidan.

Afortunadamente la persona que ambos conocíamos y que me contactó por teléfono pudo convencerlo de pedir ayuda a tiempo.

Junto con Miguel, traté de entender cómo recayó de nuevo y tan profundo en el consumo.

—Me la creí —decía—. No me daba cuenta de que me metía en un embudo. Imaginaba que, de un día para otro, iba a solucionar mágicamente los problemas de guita, y me cerré en mi omnipotencia. Y así, no les presté atención a las primeras alarmas: el alcohol, el enojo, el encierro, las putas, y el volver a fantasear con la cocaína.

Le pregunté entonces cómo fue su recorrido hasta volver a aspirar cocaína, qué creía que había pasado que no había podido detenerse antes, ante las primeras borracheras, por ejemplo.

—Es que la extrañaba —me explicó como quien habla de una antigua novia—. Cuanto más perdía el control de mi vida, más extrañaba y deseaba lo que la merca me hacía sentir.

Entonces le formulé la pregunta obvia, la del comienzo de esta historia. Pero esperando una respuesta previsible, estereotipada, típica. Sin embargo, la respuesta de Miguel y el cómo la dijo me sorprendieron, tanto que literalmente se me puso la piel de gallina. Pocas veces en mi historia de terapeuta, sentí esta sensación de estremecimiento ante la confesión de un paciente.

Yo también me la había creído porque suponía conocer todas las respuestas posibles a la pregunta por los efectos de esta droga. Había estudiado sobre su impacto en el sistema nervioso, sobre su efecto en las vías dopaminérgicas del cerebro. Había escuchado a cientos de adictos describir sus sensaciones. Y por supuesto, había estado muchas veces con personas cocainizadas frente a mí, viendo sus miradas secas e imperturbables, la dureza de su mandíbula, sus inmensas pupilas, y las había escuchado hablar sin poder parar. Pero nunca nadie fue tan claro como Miguel.

—¿Y qué extrañabas, Miguel, de la cocaína, qué te hacía sentir?

Entonces él me dio la fórmula. Se adelantó al borde del almohadón del sofá, clavándome la mirada, levantó su brazo derecho con la palma abierta y, con la yema de sus dedos que apuntaban al cielo y voz sedosa, dijo:

—Es como tener agarrado de los huevos a Dios.

SOLEDADES

La alternativa que le proponía era internarse durante un tiempo en la comunidad terapéutica que teníamos en La Cumbre, debido a todo lo que me había contado sobre su uso de drogas y sobre el estilo de vida en los últimos años. De sus 32 años de vida, casi la mitad lo había pasado involucrado en el consumo del alcohol y sobre todo, de la cocaína. Y eso se le notaba al ver su deterioro físico: muy delgado, respiraba con esfuerzo, siempre cansado, pálido, inestable en todo lo que emprendía, con vínculos rotos y, como agregado final, llevaba una pata de palo, de esas típicas que aparecen en los cuentos de piratas.

Había llegado a mi consultorio por recomendación de una tía suya, a la que veía de vez en cuando. Él solía ir cada tanto a su casa para pedirle plata o comida. Pero un día su tía Mirta, conocedora del consumo de drogas de Bruno, se cansó de darle dinero una y otra vez, y no le abrió la puerta. A través de la mirilla, le dijo que solo lo ayudaría, acompañándolo a un tratamiento. Entonces él se fue enojado y prometiéndose no volver nunca más a tocarle la puerta a esa *vieja insensible*. Pero pasaron solo dos semanas difíciles y Bruno de nuevo estaba allí; esta vez le pedía a esta tía desafiante ayuda para dejar las drogas. Ella abrió la puerta y, tras asomar la cabeza, lo escuchó, pero no lo dejó entrar. Bruno vio que su tía había dejado enganchada la cadenita de seguridad, y él entendió el mensaje.

—Esperá un poquito, mi querido —le dijo su tía Mirta luego de escucharlo—. Tengo algo para vos.

Entonces entró unos minutos, no sin antes cerrar de nuevo la puerta con llave, para abrirla luego y entregarle un papelito, en donde ella había anotado el teléfono de mi consultorio.

—Fijate de llamar ahí —le recomendó—. Yo ya con estas várices y la ciática no puedo caminar, si no, te acompañaría con gusto, mi querido.

—Gracias, tía —respondió Bruno, le guiñó un ojo y se fue caminando despacio al ritmo de su pata de palo, lo hizo junto con Brunito

Hacía años que Bruno vivía en los límites del barrio San Vicente, en una calle de tierra sin salida, de continuo humedecida con aguas servidas que brotaban hacía mucho tiempo y en forma lenta de algún caño roto. Su habitación era parte de una vieja casona derruida que alquilaba por muy poco dinero. Tenía su cama, un colchón pequeño para Brunito, una mesa con tres bancos, una especie de repisa con algunos libros de ajedrez y un diminuto baño con un calefón eléctrico lleno de cables pelados. En una de las paredes de su cuarto había un cuadro con la foto de su mamá, que había fallecido cuando él tenía cinco años. Al lado de esta imagen estaba colgada una segunda pata de palo, igual a la que él llevaba puesta. Esta constaba de un soporte cóncavo, donde colocaba el muñón. Antes de incorporarlo, debía cubrirlo con una tela de textura suave; luego la sujetaba a su muslo con una serie de agarraderas de cuero. Una vez firme este apósito, pisaba sobre una base algo más ancha y larga (del tamaño de un pie más o menos). Del grosor de tres dedos, era el soporte central, también de madera, que unía los extremos del aparato ortopédico. Con los años, Bruno se había acostumbrado a este aditamento; y hay que reconocer: lo manejaba muy bien.

Las personas tenemos una capacidad sorprendente para adaptarnos a situaciones difíciles que, cuando las imaginamos desde nuestra supuesta normalidad, nos parecerían inaceptables.

Unos diez años antes de mi primer encuentro con Bruno, él había viajado con un grupo de amigos a la costa atlántica. Estaban en carpa, en Villa Gesell, y la pasaban muy a su manera. Habían llevado mucho alcohol, marihuana, cocaína, y algunos papelitos con ácido (LSD). Una de esas noches de fiesta y fisura, Bruno entró en la carpa para buscar más alcohol; uno de sus amigos le había indicado que, en el fondo de su mochila, guardaba una petaca con ron. Bruno, que estaba bastante intoxicado, al meter la mano en la mochila, encontró un arma, un revólver calibre 38. Lo sacó de la mochila y comenzó a manipularlo temerariamente. En apariencia, sin darse cuenta —porque de armas no sabía nada—, lo manipuló de tal forma que cuando quiso dejarlo en el suelo, se le escapó un tiro. La bala le entró por detrás de su rodilla, rebotó en el hueso y le salió casi por el talón. Toda la gente del camping reaccionó asustada ante el suceso: con rapidez lo llevaron al hospital de la ciudad. Los médicos lograron controlar su denso sangrado, pero no pudieron salvarle la pierna afectada, la izquierda.

Desde entonces la vida de Bruno cambió dramáticamente. Perdió su trabajo (era mozo en un popular restaurante cordobés), se deprimió y vivió mucho tiempo de las dádivas de algunos familiares, hasta que él mismo, malhumorado, irascible y ensimismado, fue cortando vínculos con los suyos, a el punto de que solo su tía Mirta quedó como única alternativa para recurrir en casos de extrema necesidad. Bruno vivía de limpiar parabrisas en las esquinas con semáforos, ostentando su pierna invisible; pero como eso no le daba el dinero que pretendía, comenzó a vender cigarrillos de marihuana que él mismo armaba con su propia materia prima que cultivaba en un descampado. Más tarde y junto a un amigo que tenía un patio grande en San Vicente, habían armado una huertita cannábica con plantas de buena calidad. En una de las habitaciones también ensayaron con lámparas, un armario artesanal, y con ventilación necesaria, experimentando con una plantación *indoor*, la cual luego de ensayos y errores les dio buenos resultados.

Bruno tenía una estrategia infalible: en su pata de palo había perforado un hueco lo suficientemente profundo y, a la vez, limitado, como para que la madera siguiera aguantando su peso; y en ese hueco guardaba unos cinco aditos con cinco porros cada uno. Con el tiempo había logrado una buena y fiel clientela. Transmitía seguridad a sus compradores. ¿Qué policía detendría en la calle a un joven con una pata de palo?

Pero el problema en cuestión era que el talón de Aquiles en la vida de Bruno era desde la primera vez que la probó, la cocaína. No fumaba marihuana. No le gustaba lo que le generaba: «Me pone boludo», decía. «En cambio, ¡la merca!, ¡ah, la merca: ahí está el edén!». A medida que fueron pasando los años, su consumo aumentaba y, en esa época, su descontrol y los riesgos a los que se exponía eran verdaderamente extremos.

La cocaína fue su perdición, no solo porque en ella invertía toda la plata que conseguía con la venta de marihuana, sino porque su amigo-socio se dio cuenta de que Bruno le estaba robando. Por eso un día, cuando quiso entrar en la casaquinta, su amigo le abrió la puerta y se interpuso, mirándolo fijo y con enojo, luego levantó la pierna derecha y le dio a Bruno un fuerte planchazo en el pecho, lo dejó un rato largo sin aire y tirado sobre la vereda. Fue tan fuerte la caída que la pata de palo se desprendió. «Hijo de puta, no vuelvas más que te mato», le dijo —ya a esa altura— su examigo, quien le cerró la puerta para siempre.

Bruno entonces, mascando bronca y prometiendo venganza, volvió a su casa y se encerró durante tres días para consumir cocaína como nunca. Casi muere.

Con el tiempo volvió a las esquinas a limpiar parabrisas, cuidar autos estacionados y a mendigar. Mientras lo hacía, mostraba un certificado trucho, que explicaba su necesidad de una prótesis especial que lo ayudaría a caminar mejor. El poco dinero que ganaba era para algo de comida, para cocaína de mala calidad y, además, destinaba unas monedas para los huesos de Brunito, al que había adoptado hacía poco tiempo y con quien entabló una relación mutua y profunda.

Brunito era un bull terrier de orejas finas y alargadas, cabeza con forma de huevo, hocico puntiagudo, y contextura notablemente fornida, a pesar de su estatura mediana tirando a chica. Bruno lo crió desde pequeño y, con el paso de los años, se construyó entre los dos una relación casi filial. Bruno amaba a Brunito, y Brunito reverenciaba a Bruno; y no estoy exagerando. En más de una oportunidad, cuando estaba trabajando en una esquina limpiando vidrios de autos, gracias a su perro, Bruno pudo defender su espacio de unos muchachos que se lo habían querido quitar. Ante cualquier agresión a Bruno, Brunito saltaba a defenderlo como lo que era, un animal de presa. La esquina siguió siendo de Bruno. Para los que viven de la calle y duermen en ella, asegurar los territorios propios es el más importante botín.

Una tarde, una sobredosis de cocaína le produjo una arritmia feroz que lo asustó de verdad, creyó que, esa vez, sí moriría. Gracias a unos vecinos de habitación que actuaron con rapidez, pudieron llevarlo al hospital de urgencia, en donde luego de compensarlo le advirtieron que debía hacer un tratamiento por su adicción, en serio y de una vez por todas. Pero Bruno vivía solo y estaba solo. Salvo por su tía, que prefería no verlo muy seguido, no contaba con nadie más que lo animase a buscar ayuda. En esas circunstancias fue cuando él llegó a la casa de su tía Mirta a pedirle algo de dinero, y de la cual solo consiguió un papelito con mi número telefónico.

Cuando lo entrevisté, me transmitió la sensación de una soledad absolutamente desolada. Hay personas que viven soledades más saludables, soledades creativas. A veces elegidas, o como quien dice: bien llevadas. Son personas comprometidas con algún proyecto que las entusiasma, con un buen nivel de autosuficiencia y amor propio, y con afectos a los cuales recurrir en caso de necesidad. Tienen claro cuáles son las puertas que pueden golpear si necesitan compañía y, a su vez, son también personas buscadas por otras, lo cual las hace sentir muy bien consigo mismas porque las reafirma como seres valiosos y útiles para los demás.

Pero los solitarios desolados son diferentes. En el fondo, su soledad los enoja y les devuelve una imagen de incapacidad para vivir como lo dicta la cultura donde les tocó nacer y crecer. Relacionarse con otros les resulta un camino tedioso. Llevan una angustia constante y pesada que se esfuerzan en disimular. Y aunque se saben frágiles, se esmeran en mostrarse superados y con sentido. En relación con esto último, la cocaína funcionaba como una automedicación oportuna para Bruno, pues lo convertía en un solitario desolado pero químicamente seguro de sí mismo, y aunque de un modo artificial, se sentía creído de poder superar cualquier obstáculo. La cocaína funcionaba como un aparente buen remedio para Bruno, pero sus enormes contraindicaciones y sus devastadores efectos secundarios la convirtieron en su veneno.

En la entrevista le expliqué que sería muy bueno que aceptara internarse, que eso lo ayudaría. Le recordé que su consumo de drogas venía siendo casi constante desde hacía algo más de diez años, y que las personas con la que se vinculaba eran en su mayoría consumidoras también. Le di mi opinión de que vivir solo y sin apoyo familiar no era un buen contexto para empezar un tratamiento ambulatorio y que, en cambio, la internación en una comunidad terapéutica lo proveería de un importante espacio de contención y acompañamiento, necesario para ese momento de su vida. En síntesis, lo alenté a que probara ese camino, y le subrayé que en realidad no perdería nada si así lo hacía. Le advertí que, si seguía viviendo como hasta entonces, era casi segura la posibilidad de perder lo poco que tenía. Y le marqué, a modo simbólico, que su pierna faltante era una señal permanente, y en su cuerpo, de todo lo que la cocaína había comenzado a quitarle.

—¿Internarme? —me respondió en un tono descalificador—, si lo mío no es tan grave —remató.

Como primera reacción, la negación a las propuestas de tratamiento en general, y de la internación en particular, ocurre como una especie de reflejo automático en la mayoría de los adictos que necesitan algún tipo de ayuda terapéutica. Pero si la indicación está bien hecha, y en el tiempo oportuno, a veces solo hay que esperar a que la persona procese la idea para que comience a aceptarla. Este fue un caso de esos.

Ante la negativa de Bruno, me esforcé en responderle con un silencio largo. Sinceramente daban ganas de entrar en una disputa de argumentos con él acerca de por qué le estaba proponiendo ese camino y no otro. Sin embargo, eso hubiera sido caer en una trampa sobre la que Bruno siempre mostraba experticia: era un excelente discutidor. En cambio, el silencio lo desarmaba. Sin responderle nada entonces, solo me quedé mirándolo con un gesto que conjugaba un *las cosas están así,* más un *no creo que te quede otra.* Admito que era una expresión difícil de lograr. Luego le repetí lo ya mencionado: que su consumo de cocaína llevaba más de diez años, que las personas con la que se vinculaba eran en su mayoría consumidoras también, y que el vivir solo y sin apoyo familiar no era un buen contexto para empezar en ese momento un tratamiento ambulatorio.

Por último volví a insistirle en que probara hacerlo, pues la situación de internación se puede revertir en cualquier momento, ya que la institución que le sugería era de puertas abiertas, es decir, podía irse cuando quisiera.

Ante el silencio, Bruno comenzó a mostrar algo de aceptación ante la idea. Al final, sentenció:

—Bueno, está bien, voy a probar internarme, pero con una condición innegociable —dijo levantando su dedo índice—: Brunito viene conmigo.

La respuesta me sorprendió, pues era la primera vez que lo escuchaba hablar del tal Brunito. Le respondí entonces:

—Entiendo, Bruno, tu preocupación. No sabía de la existencia de Brunito, no me habías dicho nada de que tenías un hijo, pero la comunidad terapéutica no es un ambiente indicado para un niño. Seguramente podremos encontrar alguna solución, quizá recurriendo a la ayuda de tu tía Mirta.

Bruno entonces lanzó una carcajada y me dijo que esperara un momento. Entonces salió a la vereda, desató a Brunito, regresó y me lo presentó.

—Este es Brunito, y como me acompaña a todos lados, si yo me interno, él se interna conmigo. Además, como podés ver, necesita de mí: es ciego.

En efecto, el perro que tenía frente a mí movía la cabeza como temblando, no con la intención de mirar, sino para reconocer el territorio a través del olfato. Sus ojos eran visiblemente grises, parecían dos perlas incrustadas y atentas a la nada. La escena que tenía frente a mí era definitivamente estrafalaria: un paciente desgarbado y con una pata de palo, sostenía de la correa a un bull terrier ciego, que movía su hocico como si fuera un bastón blanco, pidiendo internarse en tándem.

«Qué suerte que me consagré a la psicología», pensé, «solo ella puede pintar estos paisajes».

El pedido era tan honesto que era imposible no atenderlo. Lo hablé con mi equipo de trabajo, discutimos la situación y, en forma consensuada, resolvimos hacer el experimento, y que Bruno y Brunito se internaran juntos.

En el lugar al que iban había 24 residentes y todo el complejo estaba constituido por un conjunto de tres casonas antiguas de estilo inglés enmarcadas en un terreno con árboles, plantas, jardines y una huerta que ocupaban casi una hectárea. Habíamos bautizado ese predio como El Sembrador. Dos perros ya lo habitaban, y eran las mascotas de los residentes del lugar. Una era la Mary, una especie de labradora negra que llevaba años con nosotros, y la otra mascota era un gran danés negro azabache, pero con patitas blancas que, por eso mismo, se llamaba Guantes.

En realidad, Guantes había sido mi perro. Lo adoptamos con mi familia desde cachorro. Pero a medida que iba creciendo, nos íbamos dando cuenta de que el tamaño sí importa. La razón por la cual lo llevé a vivir a El Sembrador fue porque cuando Guantes alcanzó un tamaño respetable, al ponerse contento, movía con tanta velocidad su cola dura, larga y maciza que, si alguno de mis tres hijos —en aquel entonces, niños pequeños— pasaba cerca de ese remolino, salía golpeado y llorando. La alegre torpeza de Guantes no se llevaba bien con los juegos que le proponían mis hijos, y por eso, decidimos llevarlo a vivir a la comunidad terapéutica, en donde se transformó casi en un rock star, debido al cariño y a las atenciones que los pacientes le demostraban y a su actitud imponente, inspiradora de respeto y señorío que mantenía.

Cuando Bruno llegó a El Sembrador, fue bien recibido y, a pesar de su carácter ermitaño, se adaptó poco a poco al estilo de vida y a la dinámica de tratamiento de la institución. El que necesitó más tiempo y dedicación, en cambio, fue Brunito. Como el terreno de El Sembrador era en pendiente, tenía varios desniveles resueltos con pircas —construidas con piedras— que marcaban los límites de cada corte. Brunito entonces sufría continuos accidentes porque, al no conocer el territorio, con frecuencia, se llevaba por delante las pircas de piedra y cualquier otro tipo de obstáculos. Bruno y sus compañeros de tratamiento decidieron ocuparse del asunto y, para eso, llevaban despacio con una correa a Brunito de tal manera que pudiera memorizar los circuitos posibles, y de esa forma, reconocer el lugar con sus escaleras, árboles, pircas, así como cualquier barrera que pudiera encontrar en el camino.

Sin proponérselo, Brunito ayudó a los pacientes a mantener ordenado el lugar como nunca antes se había logrado, pero sumando nuevas y más profundas motivaciones para hacerlo así.

Hasta la llegada de Brunito, los pacientes cuidaban El Sembrador como una manera de mostrar responsabilidad y capacidad de cuidado. Esto suele ser parte de la filosofía de este tipo de instituciones. Su fundamento radica en el conocimiento de que las personas con problemas de adicciones a drogas, en general, fueron perdiendo su capacidad de comportarse responsablemente ante las exigencias diarias, como levantarse a cierta hora, cumplir con el trabajo o con el estudio, cuidar del lugar donde viven, y responder a las obligaciones cotidianas en general. Sin embargo, al aparecer Brunito y su ceguera, las motivaciones por mantener ordenado y cuidado El Sembrador se asentaron en bases más emotivas y solidarias. Cuidar del lugar y ordenarlo era, en última instancia, cuidar de Brunito para evitar que chocara contra alguna pirca, una silla desacomodada, algún balde o contra cualquier obstáculo imprevisto. Durante el tiempo de su estadía, Brunito hizo que, en ese lugar, la vida diaria transcurriera mucho mejor. Por algún raro efecto rebote, su presencia también consiguió que los residentes aumentaran los cuidados y las atenciones tanto hacia la Mary como a Guantes. Rebelión en la granja, los perros al poder.

Un día en que yo miraba maravillado cómo Brunito, literalmente, corría por el terreno sobre los circuitos que había memorizado, y cómo Bruno jugaba con él haciendo monerías con su pata de palo, Julio, un paciente con el que estábamos conversando, me iluminó al decirme: «¿Viste?, a nosotros nos encantan los Brunitos, si no, preguntá y vas a ver la cantidad de historias que tenemos con mascotas».

Hasta ese momento, no había reparado en este detalle, en lo común que era encontrar vínculos de un apego estrecho entre los pacientes adictos y sus mascotas. ¡Cómo se me había pasado por alto algo tan evidente e importante! Recién muchos años después se comenzaron a publicar trabajos teóricos sobre el destacado significado de las mascotas en personas en situación de vulnerabilidad social y emocional. Los cuidados, los mimos, las exigencias, el afecto y la diversión que la Mary, Guantes y el inolvidable Brunito intercambiaban con los pacientes tenían un efecto terapéutico único que recién pudimos descubrir cuando se internó ese perrito ciego. Si había soledades desoladas, esas mágicas mascotas operaban como un puente más hacia el territorio de las soledades creativas.

—¿Y por qué? —le pregunté a Julio—, ¿por qué decís que, para ustedes, las mascotas son especialmente importantes?

—Mmmmm, qué sé yo. A lo mejor, porque siempre están con nosotros más allá de todas las macanas que nos mandemos. Nos dan cariño, nos quieren sin condiciones, duermen al lado nuestro, nos tocan, y nos gusta cómo nos miran, sin recriminarnos nada, —y agregó—: Yo tuve dos perros a los que quise muchísimo. Es una injusticia que vivan tan pocos años.

Unos días después de ese comentario tan aclaratorio e inspirador de Julio, nos reunimos en un grupo terapéutico, donde les pedimos a los pacientes que contaran historias con sus mascotas. El resultado fue aleccionador, porque había quienes se emocionaron al hablar de cuánto extrañaban a sus perros o a sus gatos, y de cuánta compañía les daban estos animales cuando sus dueños se hallaban en situaciones de tristeza y

desolación. También había unos pocos pacientes que reconocieron haber sido crueles con los animales y narraban algunas
historias de maltratos con sus mascotas. Pero todos coincidían
en que la presencia de Brunito, de Guantes y de la Mary tenía
un peso especial en esta etapa de intento de superación que
ahora cada uno estaba viviendo. Como si esos seres de cuatro
patas los reconectaran con la vida, y más específicamente, con
los cuidados que ella requiere.

Bruno y Brunito permanecieron en El Sembrador por un
poco más de dos meses. Luego Bruno dijo que no quería seguir, que para él ese tiempo ya estaba bien por todo lo que
había aprendido. Con el equipo terapéutico tratamos de sostenerlo durante un tiempo más, porque estábamos convencidos
de que necesitaba trabajar muchos otros temas, pero él no lo
aceptó e insistió en irse. Y tampoco quiso comprometerse a un
tratamiento ambulatorio externo, salvo —aclaró— que descubriera que lo necesitaba y que, en ese caso, aseguraba, volvería
a pedirlo.

Los despedimos una mañana, y nunca supimos más de
los dos. Bruno se fue con su mochila, su bamboleante caminar, habiendo dejado enormes enseñanzas durante su estadía
con Brunito. Por supuesto, Brunito se fue caminando a su
lado, fiel, como un ángel de la guarda, hociqueando el aire y
el camino.

Con el paso de ambos por El Sembrador, comprendí
cómo Brunito daba a la soledad de Bruno un giro hacia lo
creativo. La Mary y Guantes cobraron para todos, pacientes y
equipo terapéutico, mucho más valor después de esta historia.

La fuga

(En memoria)

Desde chiquito lo fascinó la bicicleta y, por eso, pedalear se convirtió en su actividad predilecta. Su padre, un destacado corredor *amateur*, inculcó en él y en su otro hermano varón el amor por los pedales. Tenía una clásica bicicleta de carreras Pinarello, de acero, gris oscuro, con un nervio sobresaliente en el tubo superior que unía el tubo de dirección con el del asiento para darle una mayor rigidez y equilibrio, y contaba con esos manillares como cuernos caprinos que tanto le gustaban. Ya a los dieciocho años coleccionaba trofeos, y era conocido (y hasta casi reverenciado) en su pueblito porque, en el ambiente ciclístico nacional, su nombre había comenzado a resonar. Su hermano menor también era bueno en las pistas, pero Alberto lo era más.

Como entre los dos hermanos se llevaban poca edad de diferencia, solían competir a veces en la misma categoría. Su estrategia consistía en apoyar a su hermano, poniéndose delante de él, para *chuparlo*, haciéndole más liviana la resistencia del aire. Él iba al frente, y su hermano menor Armando iba detrás, *a rueda*, como se dice en la jerga, para luego, cuando su plan de carrera lo indicaba, *fugarse* de esa dupla para pasar al resto de los competidores y ganar la competencia, o llegar entre los primeros.

En los entrenamientos, repetía la estrategia para que Armando fuera protegido y más liviano detrás de él, luego le cedía el paso, y alentaba a su hermano que ya había pasado al frente, estimulándolo para que sostenga el ritmo y la cadencia del pedaleo. Después se concentraba en sus piernas y se paraba en la bicicleta unos segundos con toda su energía, acelerando desde atrás, volvía al sillín y con su brazo extendido, cuando estaba casi a la par de su hermano, lo empujaba apoyando su mano en el hombro de Armando, gritándole un mensaje de aliento:

—¡Vamos, Armando, más fuerte! ¡Vamos, carajo! ¡Vos podés!

Por último lo soltaba y superaba, *fugándose*, dejándolo atrás.

El ciclismo es un deporte curioso, aunque puede correrse en equipo, sigue siendo un deporte de solitarios, porque en el fondo hay algo de intimidad en eso de estar subido en una bicicleta esforzándose por llegar, no importa a dónde, pero llegar, luchando contra el cansancio, violentando los músculos de las piernas al exigirlas al máximo, exprimiéndolas, y buscando estallar en un sentimiento de satisfacción al alcanzar la meta propuesta. La línea de llegada es fundamental para el ciclista, que siempre necesita tener claro desde dónde parte y a dónde quiere llegar, por más que experimente en circuitos nuevos.

Alberto tenía un físico privilegiado y se destacaba no solo en la bicicleta, sino en todos los deportes que practicaba. Su estilo carismático lo convertía rápidamente en líder de cualquier equipo del que participara.

A la bicicleta la fue dejando de lado con el pasar de los años por distintas razones, quizá la más importante estuvo referida a la continua presión de su padre, que se había empecinado en verlo siempre como un ganador, un campeón, y por ello mismo lo presionaba, cuidando su alimentación, su tiempo de descanso y su estilo de vida cotidiano. Alberto no soportó esa actitud vigilante una vez ingresado en su juventud, por lo que comenzó a cuestionarse si su gusto por la bicicleta era en realidad suyo o de su padre, pregunta que no le resultaba fácil de responder.

De alguna manera, la duda misma lo ponía en una situación incómoda, porque «si es un deseo claramente mío —pensaba—, no estaría envuelto en esta contradicción». Esta y otras crisis en la vida de Alberto lo llevaron poco a poco a esforzarse en identificar todo lo que eran elecciones suyas y solo de él, y se rebelaba contra todo lo que tuviera alguna posibilidad de haber sido impuesto por los demás.

Alberto se fue metiendo en un brete con esta posición ante la vida, porque de verdad es difícil y, a veces, hasta imposible conocer a fondo qué de lo que elegimos lo hacemos solo nosotros, y cuántas elecciones son fruto de intereses o deseos ajenos, generalmente, de nuestros padres. Somos seres vinculares y, por lo tanto, el límite de donde terminamos nosotros y empiezan los demás a veces se desdibuja, sobre todo, si esos otros llevan nuestro apellido.

Su consumo de drogas comenzó ya entrada su juventud pero, en este caso, como una parte más de su búsqueda interna y espiritual.

En muchos consumidores de drogas, el deseo por «ampliar la percepción», «explorar nuevas emociones», «volverse más creativo» o «descubrir otra dimensión de la realidad» suele ser un fuerte motivador para el consumo, sobre todo, en sus fases de experimentación y uso inicial. No por nada el uso de drogas estuvo históricamente ligado a rituales, a la magia y a las religiones.

Por otra parte Alberto también era un curioso de la vida y, por eso mismo, fue un ser itinerante, nómade, viajero. Vivió en Brasil, Perú, pasó un largo tiempo en Europa y también, en Estados Unidos hasta que, después de más de diez años, volvió a Argentina. Viajó como mochilero la mayor parte del tiempo, trabajando en lo que encontraba a fin de reunir el dinero suficiente para emprender otra aventura distinta. Hay gente que, cuando viaja a ciudades lejanas, se adentra en sus culturas, probando sus comidas y acercándose a sus costumbres cotidianas. En el caso de Alberto, su método para conocer los nuevos lugares a los que llegaba era tomar contacto con sus drogas y con su población marginal, la de la calle, o la de la bohemia del lugar. Fumó crack, bazuco y también, todas las variedades de marihuana con las que se encontró. Experimentó con heroína frotándosela en las encías y aspiró cocaínas de distinta calidad. Pero, sin dudas, sus experiencias preferidas eran con esas plantas alucinógenas que alteraban la percepción, entre ellas: distintos tipos de cactus, infusiones de plantas psicoactivas y hongos intoxicantes, drogas *enteógenas* como se las suele definir, ligadas a la búsqueda de lo espiritual, justamente lo que sugiere su etimología: *enteógeno:* «inspirado por un dios».

Siempre recordaría los buenos y malos *viajes* vividos en esas experiencias extremas, cuasi-espirituales, según él, rescatando todo lo que le habían permitido aprender. Lo interesante de Alberto era que, luego de dejar las drogas, siguió valorando lo que esa etapa de su vida le había permitido aprender, contaba con esa escasa habilidad que hace que algunas personas puedan rescatar lo bueno aun en lo muy malo.

Pero todo ese vínculo tan cercano que Alberto pudo construir con las sustancias tuvo un precio alto para su vida. Tanto desarreglo químico en su sistema nervioso y tanta exposición a emocionalidades artificialmente producidas lo desequilibraron, a tal punto que un día llegó a pensar si no estaría al borde de la locura, en un punto de no retorno a una racionalidad que ya le parecía cosa del pasado, que empezaba a extrañar y que necesitaba recuperar para no perderse del todo.

Por esas cosas de la vida, un accidente fortuito lo dejó postrado por un tiempo en una ciudad perdida de la Norteamérica profunda, donde había recalado para su última aventura. Lo había atropellado un automóvil, que lo dejó tirado de noche sobre el asfalto de una calle vacía en esa ciudad. Cuando volvió en sí, estaba solo, sin fuerzas, y en una casa habitada por desconocidos. Un pastor protestante que lo había encontrado accidentado en la calle decidió darle alojamiento junto a su familia y cuidarlo. Al poco tiempo Alberto estableció un profundo y fuerte vínculo con ellos a punto tal de experimentar una experiencia religiosa profundísima que le cambió la vida. Se convirtió a un cristianismo intenso que, de alguna manera, saldó su necesidad de una experiencia espiritual que lo reconcilie con su vida y con su historia, pero sin el recurso de las drogas.

Pasado un tiempo volvió a su pueblo en Argentina, a su casa, para reencontrarse con los suyos, que ansiaban algún contacto con él: desde que se había ido, casi no había escrito, y hasta alguna vez habían creído que él estaba muerto. Pero el Alberto que se fue no era el mismo que volvió: ahora era religioso, vegetariano, naturista, ordenado, y se hallaba alejado al extremo de todo tipo de medicamento o de droga. Eso había elegido para su nueva manera de vivir, lo que lo convirtió en una persona distinta, que había que conocer de nuevo. Estudiaba sobre el poder curativo de las plantas; de necesitarlo, acudía solo a médicos homeópatas, y se interesaba por la acupuntura, entre otras prácticas de salud integral orientales. Por supuesto, no consumía ni alcohol ni ningún otro tipo de sustancias. También les dedicaba mucho tiempo a la música y al arte, y comenzó a trabajar con habilidad y creatividad en la herrería y carpintería, las que se convirtieron en su modo de sobrevivencia económica. Por supuesto, se abocó a una práctica profunda y sincera de la religión, que había abrazado en aquel pueblito norteamericano.

Decía que su época de consumidor de drogas había sido muy dañina para él, pero también se sentía un agradecido a esa larga etapa de confusión porque, gracias a eso, había podido descubrir las verdades que ahora defendía con tanta convicción y pasión. No sé si alguna vez conocí a alguien más coherente que Alberto.

Un día, y en plena juventud y proyectos por concretar, recibió una pésima noticia: le diagnosticaron cáncer. La recomendación que siguió para tratarlo fue realizar la terapia clásica con quimioterapia porque, según le habían dicho, haciendo lo indicado tenía muy buenas probabilidades de salir adelante. Sin embargo Alberto, al final de cuentas, un exciclista experimentado y, por lo tanto, siempre con el objetivo puesto en una meta definida, desistió de ese consejo, porque eso lo desviaba de a donde quería llegar: un estilo de vida sin drogas, lo cual implicaba para su nueva manera de ver la vida, también, el no usar fármacos industrializados. Él llevaba las cosas al extremo. Por eso se decidió por el camino alternativo, medicinas alternativas y por terapias no convencionales, que no tuvieran como posibilidad la quimioterapia tradicional llena de efectos secundarios negativos: «un veneno», según Alberto.

Los meses pasaban y él seguía fiel en comer sus semillas, en preparar sus comidas naturales, en hacerse los masajes de rigor, en la acupuntura indicada por el especialista y en beber diariamente las infusiones de plantas silvestres, de las cuales esperaba precisos beneficios. Pero a pesar de estos intentos su cáncer avanzaba, y nadie podía convencerlo de cambiar a la estrategia que le proponía la medicina tradicional. Haberlo hecho hubiese significado para él una traición, bajarse de su bicicleta en plena carrera y hacer trampa tomando por un atajo; no le cabía la idea de volver a depositar su confianza en las drogas, por más que le hubieran sido prescriptas por los médicos. Así lo veía él y, cuando una creencia como esta encarna en la raíz de la visión del mundo de una persona, le define no solo su manera de vivir, sino también la de morir.

Sin embargo un día no aguantó más ese dolor que le comenzó a tomar hasta el último hueso y decidió internarse, eso sí, con la condición de que él prepararía su comida con su disciplinado método naturista. Pero cuando se internó, ya era demasiado tarde, su cáncer había tomado una ventaja imposible de recuperar.

Alberto llevaba unas semanas en el hospital, y esa última noche, me ofrecí a cuidarlo. Tenía muy buena sintonía con él, su historia me sorprendía y maravillaba, y siempre algo bueno se aprendía estando con él. Encontrábamos en la religión, en las drogas y en el arte temas en común que nos interesaban a los dos, aunque desde distintas perspectivas.

Al comienzo de esa noche lo noté cansado, incómodo y enojado con su cuerpo. Intenté hablarle, pero no quiso conversar, por lo que decidí adaptarme a su manera y a su ritmo. En un momento, me pidió que le alcanzase de un armario que había en la habitación unos frasquitos con semillas y frutas secas, las cuales tomó con cuidado y masticó con parsimonia y respeto. Me explicó brevemente los beneficios de esa conjunción de alimentos, luego hizo silencio por un rato largo, y yo me acosté en la cama de al lado para leer. Me daba cuenta de que no estaba bien, pero llevaba su malestar con admirable entereza. Dormía y volvía a despertar recurrentemente. Ya entrada la medianoche, Alberto comenzó a hablar como dormido, yo encendí el velador y llamé a la enfermera, que vino, controló el suero y, antes de retirarse, dijo:

—Parece que está delirando.

Volví a quedar solo con él. Al poco tiempo, fue irguiéndose despacio y, apoyando su espalda en el respaldo de hierros blancos de la cama, comenzó a elevar la voz. Al principio no entendí de qué hablaba, hasta que lo escuché decir con claridad:

—¡Vamos, vamos! ¡Tenemos que llegar! ¡Apurate, Armando! ¡Apurá, carajo! ¡Tenemos que llegar!

Su voz era firme y gruesa. Era una voz convencida de lo que pronunciaba. Mientras gritaba, levantó su brazo derecho y señaló para adelante un punto fijo, donde también fijó su seria mirada. Me senté en la cama frente a él, luego de apretar el botoncito del timbre de enfermería otra vez. Sus ojos entreabiertos continuaban mirando hacia donde señalaba, era una meta, y en el acto, me di cuenta de que había retrocedido varios años en su vida, y de que estaba montado en su bicicleta Pinarello, justo en el momento en que sus piernas explotaban por el esfuerzo para alcanzar su objetivo deseado, la línea de llegada, la culminación. Estuvo así unos minutos, agitado, respirando fuerte y balanceándose, dramatizando sus esfuerzos de juventud, inmerso en un placer olvidado vinculado al sacrificio, al logro y a la perseverancia, y repetía:

—¡Vamos, tenemos que llegar!

Yo podía sentir su cadencia, su ritmo de pedaleo, sus ganas de alcanzar la meta; él se balanceaba sentado en la cama, hasta que en un momento… *se fugó*.

Recuerdo sus gestos que, de la tensión, giraron a la calma. Al ratito bajó su brazo del todo y quedó como tranquilo, como quien alcanza el lugar que se había propuesto. Suspiró profundo y murió.

El apodo

La virulana es una entramado de hebras muy finitas de acero que, juntas de a miles, hacen una especie de tejido áspero, grueso, y tupido, útil para trabajos de acabado y limpieza. Antes —creo que ya no— se presentaba en una forma similar a la de una cabellera larga y gris, que podía estar enrollada o acomodada como si se tratase de una abultada soga, para que, desde esa forma, pudiéramos arrancar de a trocitos las porciones necesarias para emprender un pulido.

Como no era un artículo caro, se transformó en un producto masivo, siempre presente en la mayoría de los hogares, independiente del estatus económico de la casa en cuestión.

Noelia (la Noe) era una muchacha alta, morocha, de unos treinta años, que vivía en un sector extremadamente humilde de la ciudad de Córdoba, trabajaba como *chica de la limpieza* para distintas familias de clase media. Hacía este trabajo desde que tenía quince años. Era fanática seguidora del artista popular más distintivo que dio Córdoba, la Mona Jiménez, el ícono del género musical conocido como «el cuarteto cordobés».

A la Noe le encantaba ir a los bailes de fin de semana, en donde miles de personas se reunían en algún club de barrio para *cuartetear* y divertirse. Esas salidas, que por otra parte eran su única diversión, se habían transformado en una obligación casi religiosa que cumplía con puntualidad. Era impensable para ella imaginarse un viernes o sábado sin ir con su grupo de amigos y amigas del barrio al baile de la Mona. La Noe era mamá soltera, de una hermosa niña de seis años, cuyo padre fue solo una aventura de fin de semana, y al cual la Noe jamás volvió a ver ni supo cómo contactar cuando se enteró de que estaba embarazada.

La familia de la Noe era una pequeña multitud. Tenía en total quince hermanos (entre hermanos, hermanas y hermanastros y hermanastras) de distintos progenitores, y ella era la número siete en la escala, su hermano mayor tenía cuarenta y dos años, y el menor, ocho. En suma, ella vivía con su mamá, con un padrastro al que no quería, y con seis hermanos más. Tenía dos hermanos presos por robo a mano armada, uno muerto en circunstancias violentas. Además, todas las mujeres mayores de catorce años trabajaban en el servicio doméstico.

La casita donde vivía con su familia era justamente eso, una casita: pequeña, incómoda, donde se estaba apretado y sin lugar para nada íntimo. Cuando la Noe iba a limpiar a alguna de las casas donde la contrataban y veía una habitación con solo una cama, un jardín prolijo o una cocina con una mesada resplandeciente y los enseres acomodados, le parecía que estaba en un paraíso imposible de alcanzar, lo que le generaba una frustración grande, que vivía como un malestar que no sabía identificar ni definir, pero sí reprimir.

En los últimos años, cada vez que iba al baile, alguna sustancia consumía. Primero eran pastillas, *pepas*, es decir, fármacos de los cuales no tenía mayor información, pero que la ponían *loquita* y *agitada*, según describía. Sin embargo fue tomando distancia de esas sustancias, porque una amiga que, como ella, consumía *rohypnol* mezclado con bebidas alcohólicas, una vez, se puso muy agresiva en una pelea callejera ya de regreso del baile, y recibió un *puntazo* que casi la mata. Era un tiempo en que *se divertía* hasta límites peligrosos, la atraía esto de estar drogada en el baile, con su lengua azulada producto de la ingesta de este fármaco.

Ante el avance del uso indebido de esta droga, y sobre todo, ante su utilización oculta en bebidas para someter a posibles consumidores involuntarios, el laboratorio que la fabricaba le había agregado un colorante azulado a fin de que, al cambiar el color del líquido en el que se la disolviera, el inadvertido pudiera darse cuenta de que le estaban dando a tomar algo con un agregado peligroso. En el caso de Noelia y de su grupo, lo de la lengua azulada funcionaba, en cambio, como una señal de prestigio en ese ámbito: significaba que ya se habían drogado y que estaban *puestos*.

Pero a medida que la Noe iba tomando distancia de mezclar alcohol con distintos fármacos, se fue comprometiendo con el uso de cocaína de una manera nueva y más importante para ella. Es decir, no solo la consumía, sino que también la ingresaba a los bailes a los que iba, lo cual le fue dando una posición de liderazgo y reconocimiento especial entre su grupo de amigos consumidores, lo que a Noelia le empezó a gustar. Nunca se había destacado en nada, por eso ahora, ser la proveedora de cocaína entre sus amigos y en esos bailes populares se fue convirtiendo en algo muy significativo para ella.

Un amigo suyo, que era un pequeño *dealer* de drogas, le entregaba la cocaína fuera del baile, para que ella la ingresara burlando los controles policiales. Una vez dentro, iba al baño, se quitaba los paquetitos de cocaína que llevaba encima y se los entregaba a su amigo, quien le devolvía el favor con una buena cantidad de dosis como retribución. Después su amigo, por supuesto, los comercializaba dentro del evento.

Llegamos aquí al momento donde Noelia dejó de ser la Noe y comenzó a responder a un apodo que le marcaría la vida, un alias curioso, pero explicable en su historia: se la comenzó a conocer como «Virulana», debido a que tenía una cabellera larga y espléndida, pero muy canosa, a pesar de su juventud. Su color de pelo grisáceo, duro y apelmazado se asemejaba a esas lanas de acero que se compraban en los almacenes, y que le sirvió como herramienta clave para lo que paso a contar.

Antes de ir al baile, Virulana pasaba por la casa de su amigo proveedor de cocaína, quien la esperaba con una determinada cantidad de bolsitas de droga ya preparadas. Entonces ella iba a la cocina de la casa y se sentaba en una silla, para que su amigo mientras veían televisión, atara en su cabellera el producto, pero de tal forma que no quedara a la vista de nadie, tras ocultar hábilmente las bolsitas de *merca* en su tupida melena. Su amigo oficiaba de algo así como un original *narco-coiffeur.*

Una vez acomodado el cabello, Virulana encaraba para el baile y se topaba en las afueras del lugar con un cordón de seguridad policial donde la palpaban, le revisaban los zapatos o zapatillas, le abrían la carterita, para cerciorarse de que no llevara nada peligroso dentro y, si estaba todo bien (lo que siempre sucedía), la dejaban pasar. Ella sonriente continuaba su rumbo, hasta ser recibida con abrazos, risas y aplausos por el grupito cada vez mayor que la esperaba dentro del galpón donde se desarrollaba el baile. Luego iba al baño para encerrarse en un compartimento, y lentamente, se cepillaba el pelo desatándose las bolsitas de cocaína para entregárselas todas juntas y en una bolsa de residuos a su amigo-socio. Misión cumplida.

Desde que la Noe comenzó a oficiar de Virulana, su autoestima creció exponencialmente y ahí conoció por primera vez el reconocimiento de otros. Y le gustó. Por primera vez también alguien la esperaba con ansias y no como en su casita, en donde llegar era sumarse a un lugar incómodo para estar. Por primera vez se sintió importante, indispensable, deseada, útil, y no descartable, como le pasaba en sus trabajos de servicio doméstico.

Y no digo que la cocaína, en cuanto droga, le otorgaba esos sentimientos, sino que su rol en ese grupo, su nuevo estatus, su papel en este nuevo micromundo en el cual ser *Virula-*

na significaba ser alguien de peso, con prestigio y con algo de poder la había ayudado a encontrarse con la agradable y, para todos, necesaria sensación de reconocimiento.

Aunque este oficio de *pasadora* de drogas puso a su disposición buenas cantidades de cocaína, el uso que ella le dio a esta droga nunca fue excesivo ni descontrolado: de alguna manera, manejaba con buenos límites este asunto, y podía detenerlo si se lo proponía. Ese hermano al que me referí, que había perdido la vida en una situación violenta, había desarrollado una profunda adicción a aquella sustancia, lo cual hizo que Virulana guardara ciertos cuidados con relación a su uso. Sin embargo, lo que no podía controlar era esto de buscar exponerse a la policía cada vez que iba a un baile cargada con drogas. Esa tensión, ese riesgo, esa taquicardia retroalimentaba en ella una adrenalina que la estimulaba y la seducía. *Esa provocación* era su verdadera *droga*.

El ritual de llevar su pelo acomodado, pero pleno de cocaína, y atravesar el cordón policial con una sonrisa, para ella, era una actuación al mismo tiempo peligrosa y placentera.

Ahí quedaban a sus espaldas, como incapaces y ridículas, esas policías representantes de una institución que tanto la habían maltratado en su adolescencia cuando, caminando por el centro, la frenaban en la calle como *sospechosa* de vaya a saber qué, para pedirle su identificación. Tan reiteradas eran esas sobreactuaciones policiales que Virulana y todos los adolescentes de esos barrios marginados entendían que el mensaje policial y social era «ustedes, al centro de la ciudad, no *bajan*». Quizá por eso era una fanática de la Mona Jiménez y conocía de memoria las letras de sus canciones más representativas, como aquella que habla de los jóvenes detenidos por la policía a causa de la *portación de rostro*. Mientras Virulana era revisada por la policía antes de entrar al baile, cantaba despacito para sí misma: «Yo no tengo la culpa de tener este rostro / porque es una obra de mamá y papá / piel oscura por fuera, pero blanca por dentro / soy muy pobre y humilde / vivo con dignidad».

Una vez terminada la revisión policíaca, seguía su camino con gesto victorioso. Esa burla a la autoridad tenía para ella un significado reparador, con el que retribuía en el nombre de los suyos lo que representaba en su vida *la Yuta* y el Estado en su conjunto. Su acto transgresor era una señal de rebeldía social, de provocación, de *ojo por ojo*. Y así lo vivían también quienes la esperaban dentro del baile, no solo por el ansia de la cocaína de algunos, sino por todo lo que el paso triunfal de Virulana a través del cinturón de seguridad policial significaba: «¡¡EN TU CARA, POLICÍA!!».

Durante más de un año, y en todos los bailes a los que fue, Virulana lo hizo de esa forma. Hasta que un día apareció Moisés, y todo se complicó derrumbándose en un santiamén. Moisés era un simpático perro golden retriever negro y de tamaño mediano que, una noche, fue integrado al control policial como perro detector de narcóticos. Una vez puesto a trabajar, el animalito fue directo hacia Virulana, como si la conociera. Y entre todo el gentío que la rodeaba, se le sentó al lado moviendo la cola, mirando fijo a su instructor y esperando su premio. Ella no entendió lo que pasaba porque era la primera vez que veía a un perro policía en ese lugar, pero el oficial que llevaba a Moisés de la correa comprendió en seguida de qué se trataba la situación.

Afortunadamente para Noelia, la cantidad de cocaína que llevaba esa noche en su cabellera era mínima, a esto se sumaba que era mamá sola con una hijita y que carecía de antecedentes, además, tenía trabajo estable, por lo que desde la Justicia le indicaron hacer un tratamiento por drogas.

Como comenté, ella no tenía una *adicción* a la cocaína, es decir, su consumo no había interferido de manera central en el cumplimiento de sus responsabilidades cotidianas, como las del trabajo y del cuidado de su hija. Pero a veces la Justicia no atiende estos grises porque, para los jueces, o para sus secretarios, la cosa es blanca o negra: o no consumís o sos un adicto, sin medias tintas. Por eso la derivaron a un tratamiento de rehabilitación.

Virulana fue entonces a una institución, donde le asignaron una entrevista con dos psicólogas de no mucha trayectoria, que le explicaron de su situación e hicieron énfasis en que debía hacer algo con su consumo.

Noelia estaba con zapatillas y vestía un pantalón jogging negro algo manchado, y un pulóver de hilo color celeste apagado. Las terapeutas, que eran jovencitas y atractivas, vestían ropa de marca y calzaban zapatos de taco alto, que llamaron la atención de la *paciente*.

—Mirá Noelia —le dijeron en la entrevista—, por lo que vemos, estás consumiendo cocaína desde ya hace tiempo, y esto tiene un impacto negativo en tu vida. Tu sistema nervioso está expuesto a una droga que es muy dañina. Y aparte, como la solés mezclar con alcohol, las consecuencias resultan peores, porque, te explicamos para que lo entiendas, tu hígado produce con esta mezcla un metabolito que se llama *cocaetileno*, el cual es muy perjudicial para tu salud. Es importante que aceptes lo que te está pasando y que pidas ayuda para salir adelante, porque tenés una hermosa hija, y es importante que cumplas lo mejor posible tu rol de mamá.

Noelia las miró seria y atenta, manteniendo el silencio.

—¿Tenés algo para decirnos? Estamos de tu lado —le dijo en tono de complicidad una de las terapeutas, para romper el hielo de la situación, y buscando superar ese clima ya demasiado tirante.

Y Virulana contestó con su voz clara, en su penetrante tonada cordobesa y divino estilo villero:

—Háganse culiar.

Jaque mate. Las dos psicólogas no supieron cómo reaccionar a esta devolución que no estaba en el listado de las respuestas posibles. Virulana las miraba enojada y les alivió la tensión al retirarse en silencio del consultorio, las dejó solas y duras como estatuas de cera.

¿Qué había pasado en esa entrevista?, ¿dónde se produjo el cortocircuito? Pasó que no se estuvo allí solo ante un problema de *salud física* o de *salud mental*, como parecieron querer encuadrarlo esas terapeutas: eran otros temas los que habían entrado en conflicto en ese escenario pretendidamente clínico. El problema del fenómeno del consumo de drogas había desplegado en ese consultorio todo su atractivo y complejidad. Las conflictivas sociales, los diferentes contextos culturales, la insuficiencia de los discursos políticos, la desigualdad económica, eran en realidad el marco de problemas que encuadraban a una incomprendida Virulana.

Al final, y después de varios intentos fallidos de apoyos profesionales médicos y psicológicos, Virulana conoció a un sacerdote de una parroquia de barrio, conocido por su labor con usuarios de drogas. El padre Mariano, tal era su nombre, había comenzado un trabajo basado en lo que se denomina *Integralidad*, consistente en comprender como a un todo al consumidor de drogas, sin tratar con sus partes por separado, como lo hacen muchos especialistas tradicionales. Especialistas que se vinculaban con «el cerebro», o con «las emociones», o con «el hígado», o «el deseo», o la «dopamina», o con la «compulsión», de los consumidores de sustancias, para mencionar algunos de estos recortes.

Con mucha timidez y desconfianza al comienzo, Virulana se vinculó con otros jóvenes que participaban de las actividades que el padre Mariano y su equipo de trabajo, junto con voluntarios, realizaban en el barrio. Ella se sumó a un taller de telares, y hasta hizo un curso de peluquería. A través de una oficina ligada a la tarea del sacerdote, consiguió un duplicado de su DNI, porque había perdido el anterior hacía años. Además, se sumó a un grupo de jóvenes que todos los sábados iban a acompañar a unos ancianos que vivían en un abandonado geriátrico cercano. Tareas sencillas, pero novedosas para lo que había sido su vida. Tenía también sus entrevistas semanales con una psicóloga del lugar, y recibió regularmente atención médica y odontológica por primera vez.

Pero lo más importante fue que volvió a sentirse querida, reconocida y valorada, y con un lugar respetado en ese pequeño universo de nuevas relaciones.

Aunque su vida siguió llena de limitaciones, problemas y frustraciones, Virulana encontró en la obra del padre Mariano algo parecido al reconocimiento que le regalaba aquel grupo que la esperaba dentro del baile de la Mona toda vez que ella burlaba a la policía. Pero ahora sin tanta adrenalina por supuesto, pero con reconocimiento al fin.

¿Qué ayudó a que Virulana pudiera cambiar de vida? Sin dudas cosas tan simples como profundas: el pasar a pertenecer a una nueva y positiva red de relaciones humanas, y a ser tratada y querida como persona, es decir, lo mismo que todos necesitamos para un buen vivir. Volvió a sentirse alguien importante para otros.

Quedó atrás la vida de una Virulana únicamente útil para limpiar casas, o para pasar drogas escondidas en su pelo. Quizá por eso insistía tanto en que volvieran a llamarla «la Noe».

Porque claro, los apodos son también una marca, y la virulana es una entramado de hebras muy finitas de acero que, juntas de a miles, hacen una especie de tejido áspero, grueso y tupido, útil para trabajos de acabado y limpieza.

LOS BAÑISTAS

Cuando los pacientes concluían un tratamiento por adicciones en una institución como Programa Cambio, allá a principios del 2000, se hacía una emotiva celebración de la cual participaban ellos mismos y también, sus familiares y amigos. Generalmente dicha celebración reunía a los que habían terminado la terapia en el último año, por lo que eran decenas de personas las que coincidían en ese acto.

Como la institución tenía mucha gente y yo no conocía la historia de todas sus familias y pacientes, gran parte de los testimonios que escuchaba ese día eran nuevos para mí. Un clásico en la dinámica de esos discursos finales que compartían los protagonistas era el comparar cómo habían llegado a la institución y cómo se iban después de terminar la terapia, refiriéndose a los cambios vividos entre el antes y el después. No era un testimonio guionado, sino espontáneo; por eso resultaba llamativo que casi todos coincidieran siempre en focalizarse en las transformaciones vividas, y en cómo habían modificado con esfuerzo y no sin dolor maneras de pensar, formas de reaccionar y modos de vincularse.

El nombre de la institución, Programa Cambio, había sido elegido porque una investigación sobre familias de la década del ochenta mostró que la expresión más comúnmente utilizada, repetida y constante en una familia con problemas de consumo de drogas durante una primera entrevista giraba en torno al concepto de *cambio:* «Queremos cambiar»; «No puede cambiar»; «Ayúdelo a cambiar»; «No queremos que todo siga igual»; «Si no cambia, me voy» (o, «Si no cambiás, te vas»), entre ellas.

Por qué la gente cambia fue históricamente una de las incógnitas más interesantes de la psicología, y el del cambio uno de los grandes temas de la filosofía también. Todos seguramente recordamos el nombre de Heráclito, aquel filósofo griego que hizo del fuego el símbolo de nuestro ser en el mundo, permanentemente sometido al devenir, al movimiento, a la transición. «Nadie puede bañarse dos veces en el mismo río» fue su frase de vanguardia, y el tipo nos dejó pensando porque, claro, ¿qué refleja más el *cambio* que un río en perpetuo movimiento?

Casi 2500 años después, el psicólogo norteamericano James Prochaska formuló una completa teoría del *cambio* conductual, justamente a partir de las dificultades para modificar el comportamiento que observó en los adictos a drogas, en específico, a la nicotina.

Por eso me llamaban la atención esos relatos de los adictos recuperados, o de sus familias, que se referían a sus historias de vida, pero siempre focalizando cuánto les había costado *cambiar*, y lo bien que se sentían ahora que creían haberlo logrado. No eran ni filósofos griegos, ni psicólogos norteamericanos, sino por ejemplo: Juan Quinteros, un papá del barrio San Vicente; o María Angélica, una tía abuela de Colonia Lola; o Julián «Quico» Gonzáles un pibe cachetudo de Villa Allende, que contaba cómo había vivido antes, bajo el continuo efecto de la marihuana más algunas *pepas* de refuerzo, para inmediatamente compararlo con un presente donde encontró el placer en un estilo de vida lúcido que le permitía cumplir con su trabajo de auxiliar en un taller de chapa y pintura.

Entre lo mucho que aprendí al escuchar la manera en que contaban sus vidas en esas celebraciones estaba el entender que *cambiar*, para ellos, significaba desarrollar la capacidad de *afrontar* algo indeseado que los limitaba, para luego intentar *superarse* a través de la elección de nuevas *alternativas*. Todos los relatos tenían, por lo menos, esos tres ingredientes: *afrontamiento*, *superación* y *alternativas*. Era una especie de receta de cocina que si bien podía modificarse según el estilo del chef, debía contener por lo menos y necesariamente estos tres ingredientes básicos y medulares ya que, si eso no ocurría, no se obtendría el plato principal.

Afrontamiento es una palabra cada vez más presente en la psicología, sin embargo no es común que la utilicemos en nuestra vida cotidiana, en las charlas de sobremesa, por ejemplo: «¿Y, mi amor?, ¿cómo te salió el *afrontamiento* con el almacenero, al que no podemos pagarle la deuda?, ¿te entendió?» o «¿Cómo andás, José?». «Maso, en el proceso de *afrontamiento* de lo de Martina, porque ayer la vi con otro».

Definitivamente no somos de hablar así, con una terminología tan técnica. No obstante todas estas personas que habían resuelto algunos conflictos propios de su manera de vivir habían pasado obligatoriamente por una fase de afrontamiento de sus problemas, aunque no sabían que se denominaba de esa forma (ni tenían por qué saberlo).

Lo opuesto al *afrontamiento* es la *evitación*, la cual solemos practicar todas las veces que nos complicamos la vida *pateando el tarro para adelante, barriendo la basura bajo la alfombra* o *escondiendo la cabeza*, como el avestruz. Queda a la vista que hemos elaborado una serie de metáforas y de dichos populares para describir nuestras *maniobras evitativas* porque nos resultan comunes, compañeras habituales y fáciles de reconocer. La evitación funciona como un pase de magia para que el cambio no se produzca, pero no porque no se necesite o no se quiera, sino porque afrontar sus costos resulta doloroso en la ecuación y nadie quiere sufrir. Hay veces que el evitar para no afrontar se disfraza de ingenuidad, se presenta como una conducta distraída, inofensiva e intrascendente para el resto de la gente, aunque en su esencia, desnuda nuestro conflicto personal de manera genial.

Un padre contaba en esa celebración de cierre de tratamiento a la que yo asistía que, cuando comenzó a venir a la institución con toda su familia, frenaba su auto frente a la puerta de ingreso de Programa Cambio, para que todos los demás descendieran; luego y aunque hubiese lugar para estacionarlo ahí, llevaba el auto a una cochera distante, a cinco cuadras, para guardarlo en ese sitio. Después, regresaba caminando a la institución, participaba de la sesión familiar o del grupo de padres en que le tocaba estar ese día y, una vez concluido el asunto, iba a buscar su auto para volver a recoger a su familia.

Lo extraño era que su elección por una cochera a cinco cuadras no era para nada práctica ni inteligente. No importaba si llovía, hacía frío, si ya era de noche o si la calle estaba oscura. La explicación que daba a su familia era que hacía eso por «cuestiones de seguridad», arguyendo que el estacionamiento de la playa privada lo dejaba más tranquilo que dejar el auto con el cuidador de la calle.

—Pero mi mujer, que me conocía bien, no entendía del todo mi explicación —decía con picardía en esa reunión.

—Si sos un agarrado, no te gusta soltar un mango, no entiendo por qué, cuando venís aquí, se te da por pagar una cochera privada, si siempre lo dejás en la calle cuando vamos a cualquier lado. Además, ¿no te fijaste acaso? Hay cocheras más cerca.

En ese cierre de tratamiento, el padre confesó emocionado que, en realidad, se comportaba así los primeros meses de la terapia porque le daba mucha vergüenza que algún conocido identificase su auto frente a una institución de atención por adicciones, y que eso pudiera ponerlo en la incómoda situación de tener que explicar que su hijo necesitaba un tratamiento por consumo de drogas.

Eso hubiese significado que los demás lo vieran como un *mal padre* o como *una familia con problemas*, rotulaciones que no se sentía capaz de soportar. Su auto estacionado frente a Programa Cambio le significaba una señal de fracaso familiar; la estigmatización de su hijo como *drogadicto*; el reconocimiento de que, como papá, no había hecho bien la tarea. En síntesis, un llamador a los dedos acusadores de la correcta sociedad. ¡Cuánta metáfora junta era ese Fiat escondido en una cochera de la calle Roma para ese inseguro padre de entonces!

Pero había mucho más porque, en verdad, lo que este hombre estaba haciendo era boicotearse su propia capacidad de cambio, al decidirse por no *afrontar* un problema que prefería seguir negando, o escondiendo, lo que, para el caso, funciona igual.

Siguió contando su historia y, por supuesto, habló del día del *click*, de cuando comenzó a sentirse ridículo en eso de ocultar su automóvil por si alguien lo *descubría*, y optó por estacionarlo cerca de la puerta principal de la institución.

—Al comienzo, con algo de incomodidad, pero después, con el orgullo de quien siente que afronta por fin un problema y que comienza a superarlo de a pasitos —dijo decidido.

A este papá y a las demás personas que contaban su anecdotario de cambio durante ese encuentro, me las imaginaba como a bañistas disfrutando de una tarde de sol en el balneario del río de Heráclito, contentas en testimoniar que la dinámica de la vida tiene giros azarosos e imprevisibles y, también, recorridos sobre los que definitivamente podemos incidir. Ahí mismo estaba escenificada la lucha entre la fatalidad y la esperanza, entre la predestinación y el libre albedrío, entre la permanencia y el cambio.

Estas pequeñas escenas de terapia, en apariencia tan simples a las que asistimos cotidianamente los psicólogos, resumen en formato casero los grandes dilemas existenciales del ser humano, de los que los filósofos comenzaron a escribir hace milenios.

Los relatos de las historias de cambio siguieron hasta que la reunión terminó.

En aquel entonces, yo tenía un micro radial por semana en Radio Cadena 3, muy escuchado en Córdoba gracias al espacio que, desinteresadamente, me brindaba el conductor radial Rony Vargas, una persona siempre sensible y dispuesta a comunicar y a generar conciencia sobre estos problemas sociales. En esos minutos de los que disponía, en general, hablaba de temas vinculados a la prevención de las adicciones, o llevaba a alguna persona para que brindase su testimonio de superación personal. Era un valioso espacio comunicacional con el que buscábamos ayudar a que la gente se animara a hablar respecto de este problema tabú.

Otras veces Rony me hacía alguna pregunta sobre cómo ayudar a alguien con problemas de abuso de alcohol, marihuana, cocaína, entre otros, o acerca de los efectos y consecuencias de estos consumos.

Cuando terminó la reunión en Programa Cambio y ya me estaba por ir, otro papá, que se había mantenido en silencio durante todo el encuentro, vino a saludarme y se presentó:

—Soy Rafael, el padre de Agustina, somos de la ciudad de Villa María. Y estoy muy agradecido por lo que hemos vivido aquí, la verdad que los terapeutas que nos guiaron este tiempo fueron muy importantes para todos nosotros —me dijo, refiriéndose a su familia.

Como nunca había hablado con él, aunque sí lo había visto circulando por la institución, le respondí:

—Me alegro mucho, fue una reunión muy emotiva. Y usted, ¿cómo llegó hasta aquí?

Entonces me contó:

—Bueno, fue gracias al Rony Vargas; yo soy hombre de campo y generalmente estoy o en el tractor o en la camioneta escuchando la radio por las tardes. Pero sabe, licenciado, desde hacía más de un año que venía luchando con venir o no venir aquí con mi familia, porque me costaba mucho decidirme. Al principio me pasaba que, cuando Rony lo presentaba y usted comenzaba a hablar en la radio, lo que yo hacía era cambiar a otra emisora sin pensar mucho; porque me hacía mal oír esos mensajes, no podía aguantar escuchar del tema, porque en el fondo me destruía pensar que mi hija Agustina podría tener problemas con las drogas, o sea, lo sabía, pero no lo quería ver. Entonces ponía música, o escuchaba noticias de otro lado, y cuando usted se iba, yo volvía a Cadena 3. Así fue durante muchos meses, el Rony lo anunciaba y, si yo iba en la camioneta, apretaba ahí mismo el botón de otra radio. No sabe lo mal que me hacía. Hasta que, bueno, pasaron cosas en mi casa, y un día, me llené de valor y escuché lo que decían. La verdad que ni me acuerdo qué fue, lo que sí, me largué a llorar. Volví a casa para hablar con mi mujer, y entonces nos decidimos a buscar ayuda. Transmítale por favor a Rony mis gracias también.

Este hombre pelado, gordito y con cara de bueno se despidió marchándose tranquilo junto a su familia. Y era lindo imaginarlos irse en sus trajes de baño con sus reposeras, con la heladerita y la sombrilla, luego de unas vacaciones distintas en las aguas del río de Heráclito.

Fui invitado para hacer Doña Jovita hace más de 27 años a la Comunidad Terapéutica El Sembrador del Programa Cambio en La Cumbre. Un verdadero desafío.

Intuía que podía ser una experiencia fecunda por el entusiasmo con que me convocaba Juan Carlos una tarde que nos encontramos en el programa radial Viva la Radio de Rony Vargas.

Pero yo pensaba: ¿Qué le hago decir a la vieja? ¿Qué interés podrían tener estos jóvenes por los contenidos que quiere compartir un tipo *disfrazado* de veterana, de *travesti rural geriátrico* que cambia la voz haciendo falsetes y habla con tonada chuncana de cosas que no tenían que ver con lo cotidiano del entorno y la edad de esos jóvenes comprometidos a un tratamiento por adicciones.

Estando en ese brete, la única salida que encontré era disfrutar con plenitud de mi actuación. Mostrarles cuánto me divertía el trabajo teatral de hacer reír a los demás. Comprendí que no podía poner a la abuela en el papel de *Maestra Ciruela*, dando consejos o intentando enseñar a vivir. Entonces opté por jugar como hacen los niños pequeños que no tienen prejuicios ni fronteras para inaugurar amistades.

Salté al vacío, y me fue saliendo una vieja loca.

Me preparé como si tuviera que responder a una pregunta tácita… ¿Y vos… qué onda? Algo así como: ¿Qué hacés con tu existencia? ¿Quién te trajo a este lugar? ¿A qué viniste?

Ante esos supuestos cuestionamientos armaba mi conjeturada respuesta, que simplemente se limitaba a honrar mi oficio de actor. En este caso con un unipersonal adornado con canciones donde el absurdo navegaba entre la letra y los gestos del personaje. Y ahí le metí la «Milonga de la vaca falopera» que provocó hilaridad y compartimos todos un aire de misericordia con la pobre vaca de esa historia…

Fue una experiencia fuerte, y quedó dentro mío ese momento como un aprendizaje que durante años me ha permitido participar desde el corazón maternal y vulnerable de esta abuela soledosa, que puede curarse visitando gente como si estuviera dando una serenata.

Con la misma actitud he podido acompañar a Juan Carlos por pueblos y ciudades hablando sobre adicciones: «Doña Jovita y el Lic. Mansilla destapan el asunto de las drogas» esto como parte de Programa de Prevención de la Defensoría del Pueblo de la Provincia de Córdoba, entre otras presentaciones que hemos realizado aparte.

Se ve que «el corazón tiene razones que la razón no entiende» como ha dicho con gran puntería Blas Pascal. Por algo así debe ser que en unos de nuestros tantos diálogos mantenidos con Juan Carlos, reaccioné sin pensar y de manera irresponsable cuando se me escapó decirle que podía contar conmigo para hacer las ilustraciones de su próximo libro *Aquí tenés tus drogas*.

Al leer algunos de estos relatos, sentí la necesidad de estar cerca de esta misión que para mí es como navegar mar adentro en un tema que nos comprende a todos.

Cada relato de este texto es un espejo, y una experiencia visceral de las situaciones de encuentro y desencuentro que vive la humanidad en estos tiempos frente al problema de las drogas. Donde se puede ver nuestra propia vulnerabilidad, extravío, falta de diálogo y de sentido común.

Agradezco a Juan Carlos haber aceptado mi participación en el libro porque me ha permitido ejercitar la empatía, comprensión y amistad con cada uno de los protagonistas de las crónicas aquí relatadas, y aplaudo el gesto y el valor de compartir este modo de sacar el consultorio a la calle.

La vaca falopera:

Supe tener una vaca
que se volvió falopera
rumiaba tardes enteras
estrujando la gramilla
un polvo blanco que hacía
desactivar la mollera.

Un avioncito fugaz
dejó caer unos fardos
entre el yuyal y los cardos
por un control de rutina
como es ancha la Argentina
escaparon sin retardo.

Cuando la caja cayó
fumigó por todo el campo
polvaderas de humo blanco
dejó de verse el paisaje
se nos drogó el paisanaje
y el avión juyó lunanco.

Hay que verla pobrecita
cómo ha perdido el semblante
ahí anda lo más campante
creyendo ser la mejor
trajinando en el error
y ahí anda lo más campante.

Estos son los perjudicos
que traen los equivocos
nos vamos volviendo locos
al compás de este flagelo
al narco le viene al pelo
que no nos trabaje el coco.

Es triste la novedad
hagan correr la bolilla
que la va acá en la gramilla
ha conocido la droga
cuando el silencio me ahoga
digo esta copla sencilla…

La que surtida de leche
la que nos daba los quesos
hoy es puro cuero y hueso
presumiéndole al cebú
el pobre dice ni mú
de verla se queda tieso.

José Luis Serrano
«Doña Jovita»

Índice

Este libro se terminó de imprimir en
Compañía de Libros S.R.L.
en el mes de mayo de 2020